Build It!

Make Supercool Models with Your Favorite LEGO® Parts

MEDIEVAL WORLD

Jennifer Kemmeter

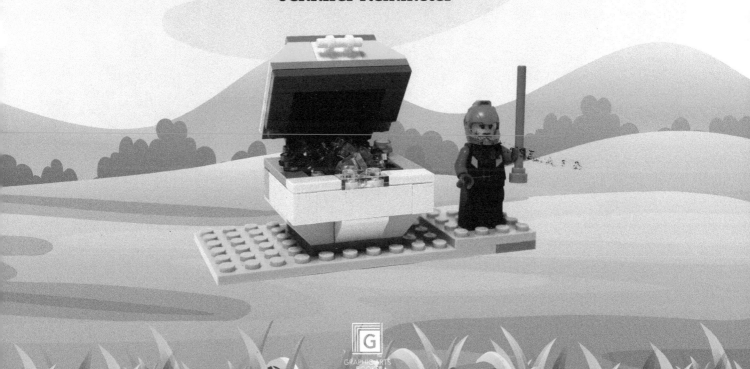

G
GRAPHIC ARTS
BOOKS®

Contents

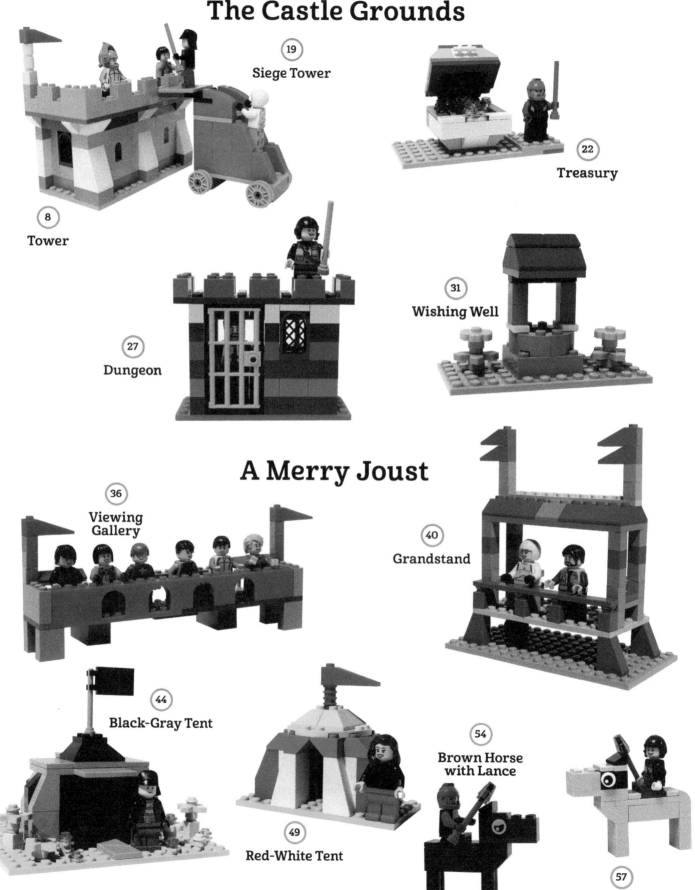

The Dragon Cave!

62 Adventuring Gray Horse

65 Adventuring Black Horse

67 Red Dragon

74 Blue Dragon

The Castle Guard

84 Castle Wall

109 Baby Black Horse

111 Baby Brown Horse

How to Use This Book

Build a Red Dragon

What you will be building.

A photo of what your finished Red Dragon will look like.

An illustration of the finished Red Dragon that looks like the pictures in the steps.

All the pieces you will need to build the model are listed at the beginning of each of the instructions.

2x · 1x · 2x · 2x · 1x

2x · 1x · 4x · 2x · 3x · 2x

4x · 1x · 2x · 1x · 1x

2x · 1x · 6x · 1x · 2x

4x · 6x · 2x · 1x · 2x

2x · 2x · 1x · 1x · 1x

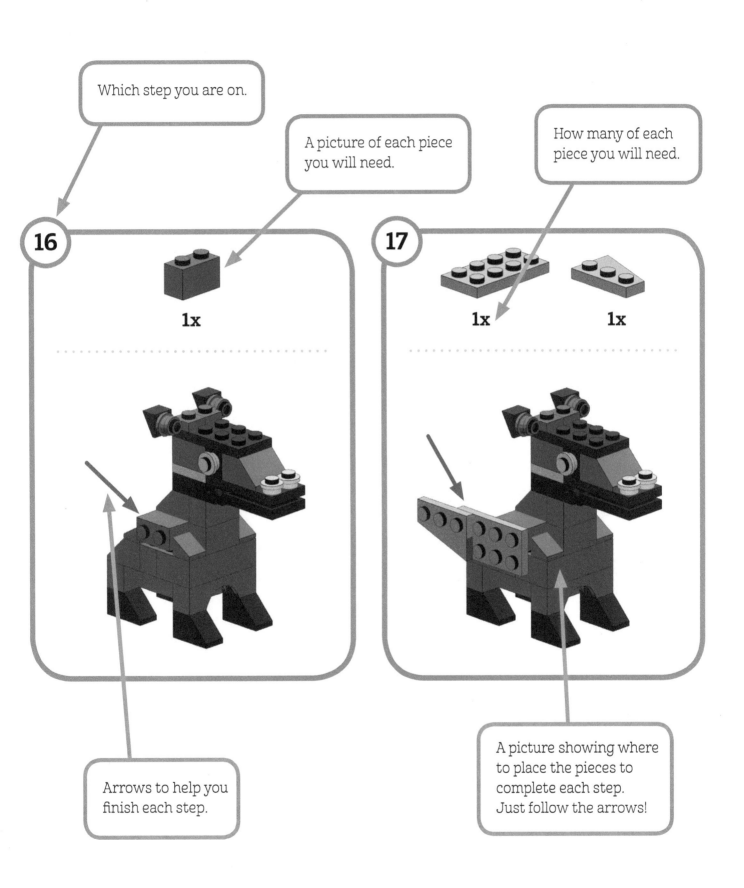

Which step you are on.

A picture of each piece you will need.

How many of each piece you will need.

16

1x

17

1x   1x

Arrows to help you finish each step.

A picture showing where to place the pieces to complete each step. Just follow the arrows!

Siege
Tower

Tower

Wishing
Well

The Castle Grounds

Treasury

Dungeon

Build a Tower

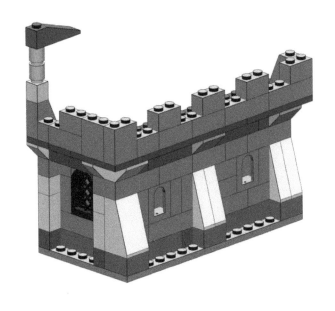

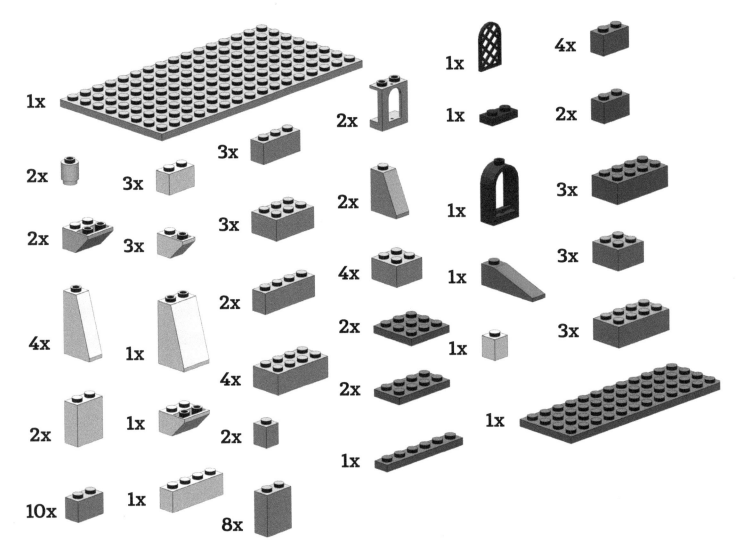

1

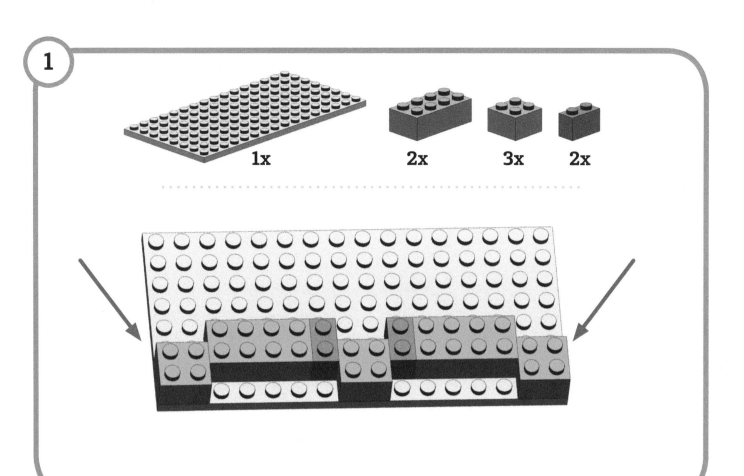

1x 2x 3x 2x

2

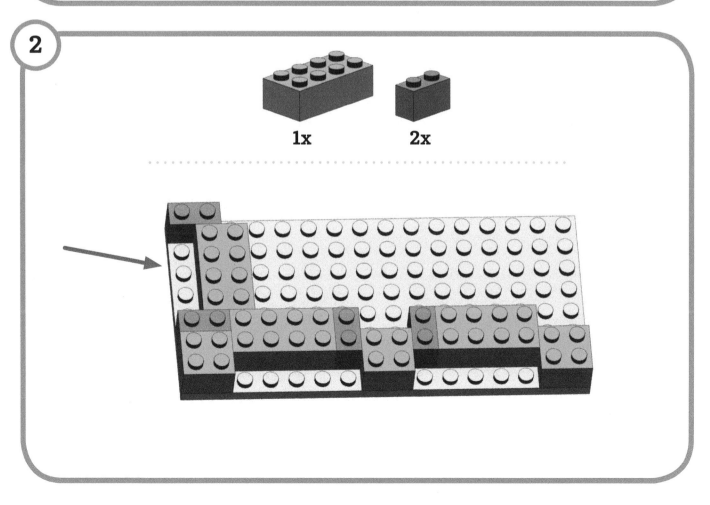

1x 2x

9

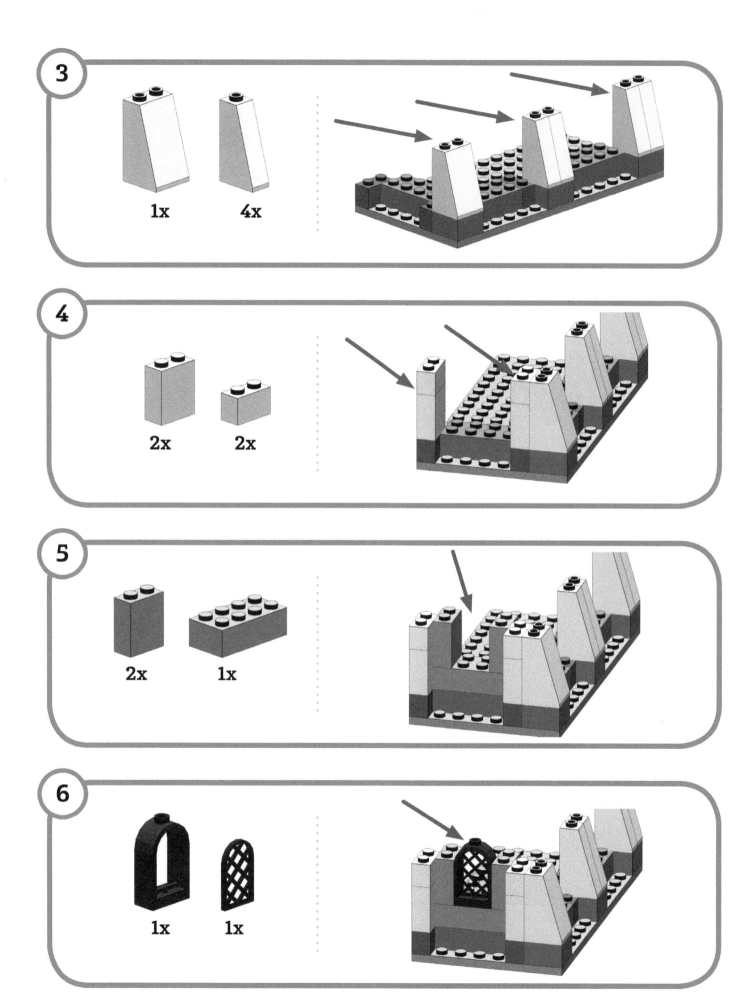

3

1x 4x

4

2x 2x

5

2x 1x

6

1x 1x

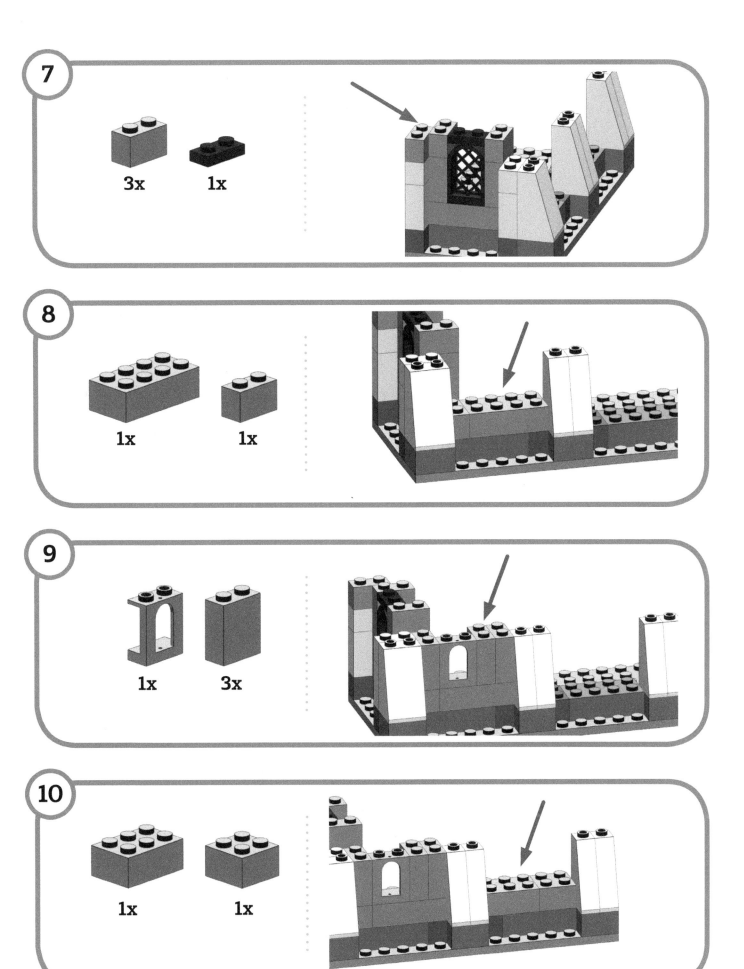

7
3x
1x

8
1x
1x

9
1x
3x

10
1x
1x

11

2x 1x 1x

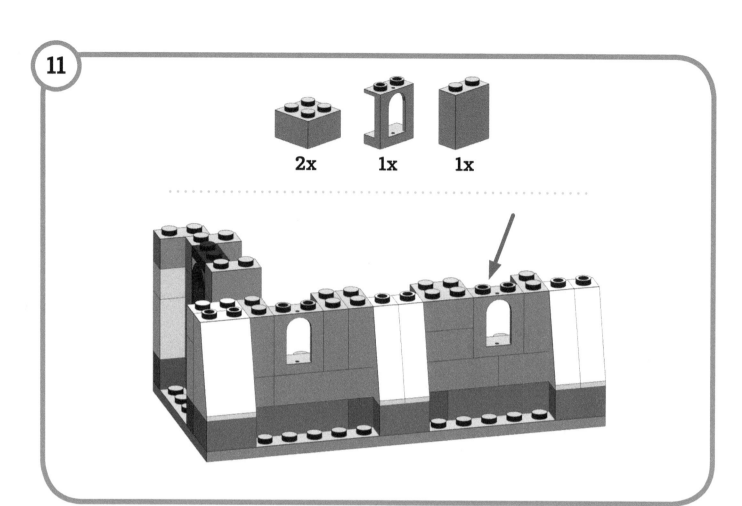

12

2x 2x 1x

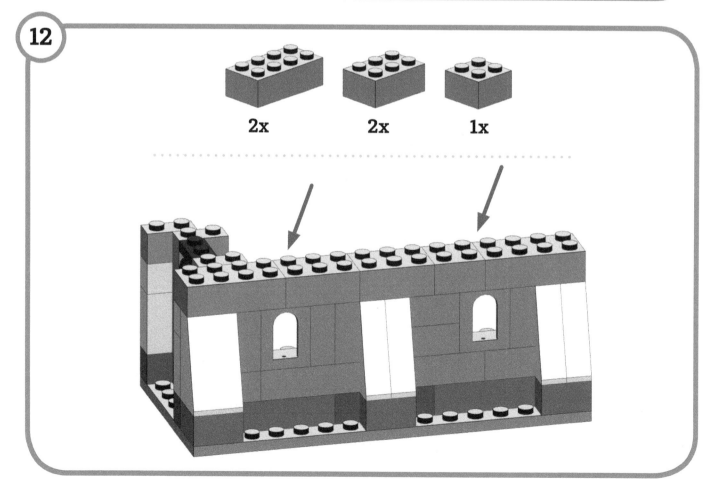

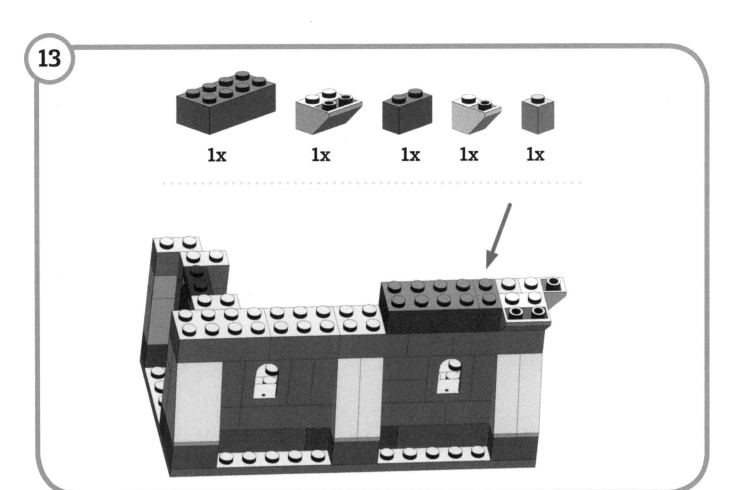

1x **1x** **1x** **1x** **1x**

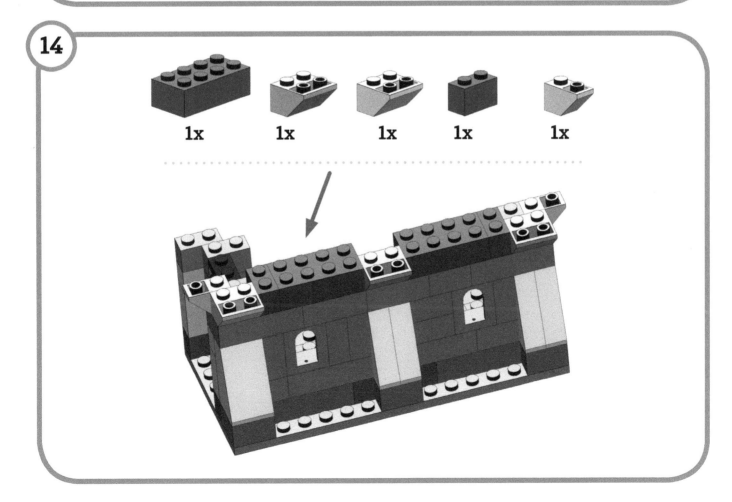

1x **1x** **1x** **1x** **1x**

15

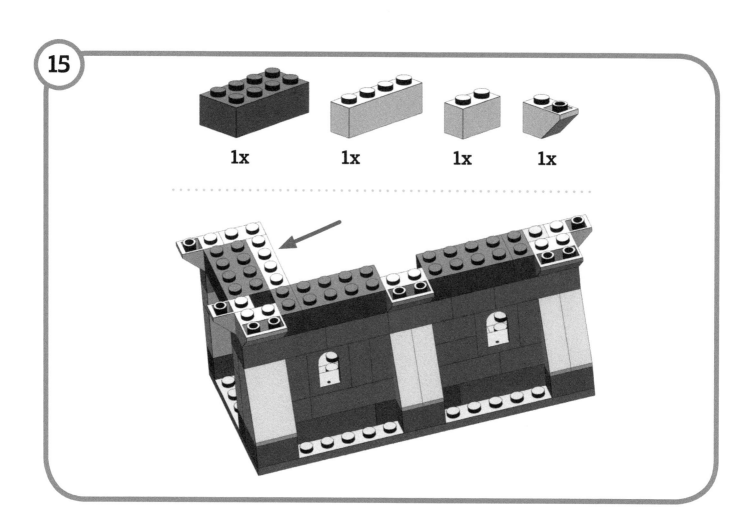

16

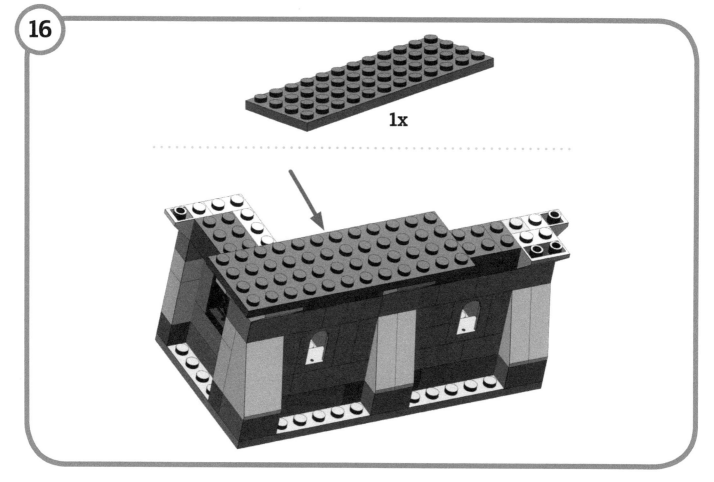

17

1x

2x

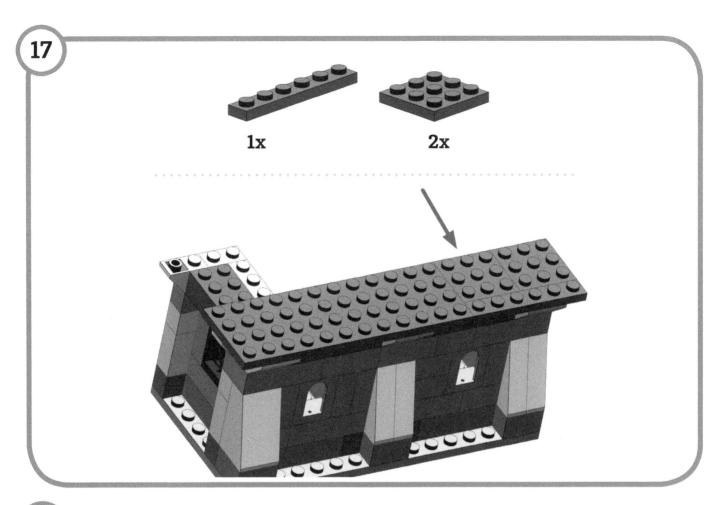

18

2x

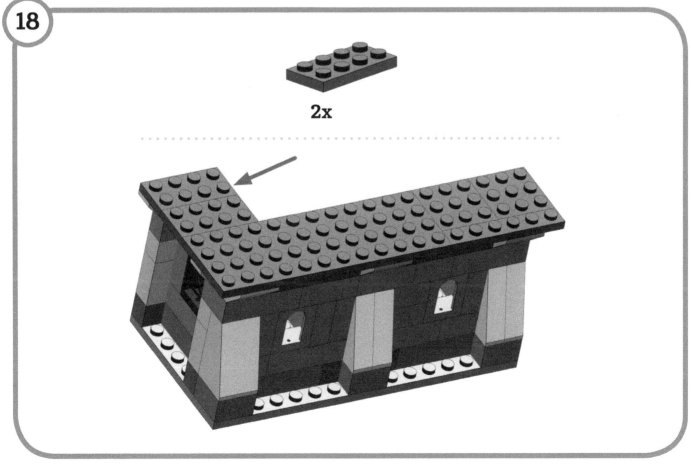

19

1x 1x 1x 1x 1x

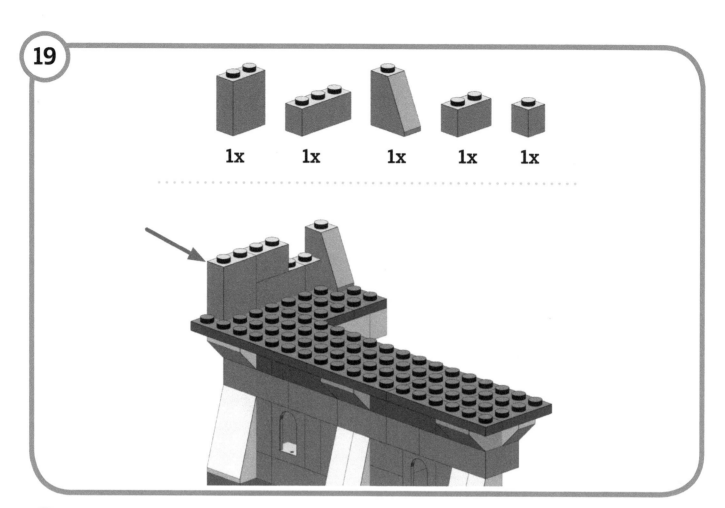

20

1x 2x 2x 1x

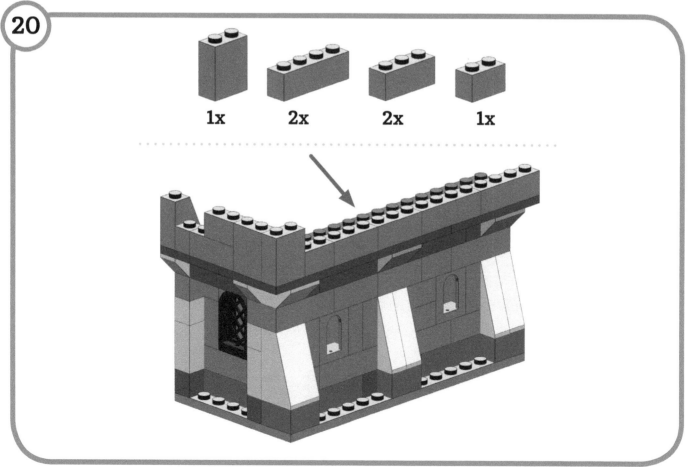

21

1x

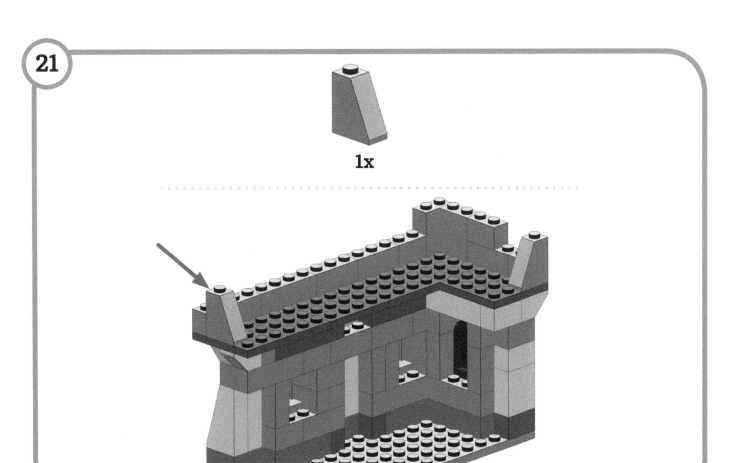

22

4x

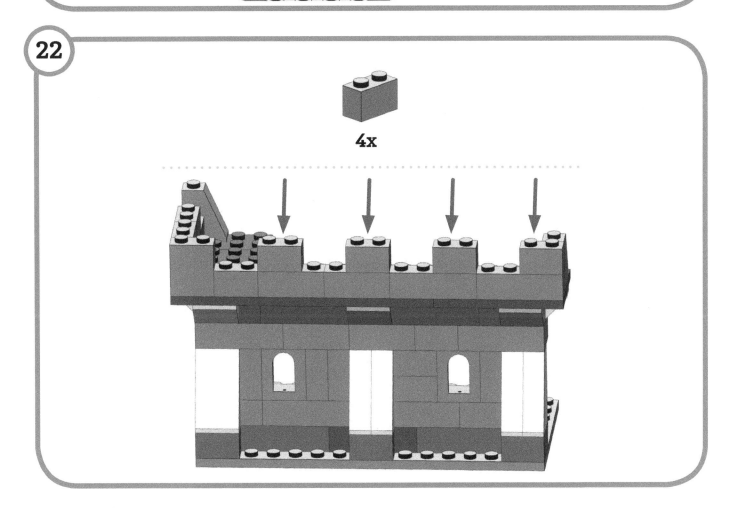

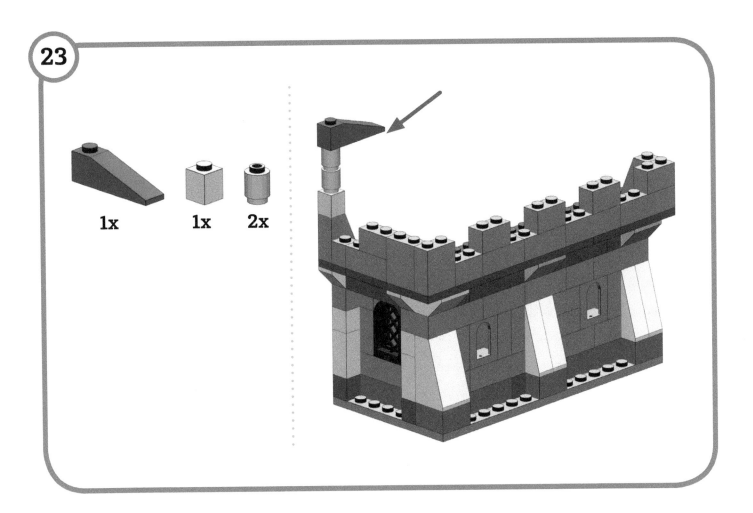

23

1x 1x 2x

Build a Siege Tower

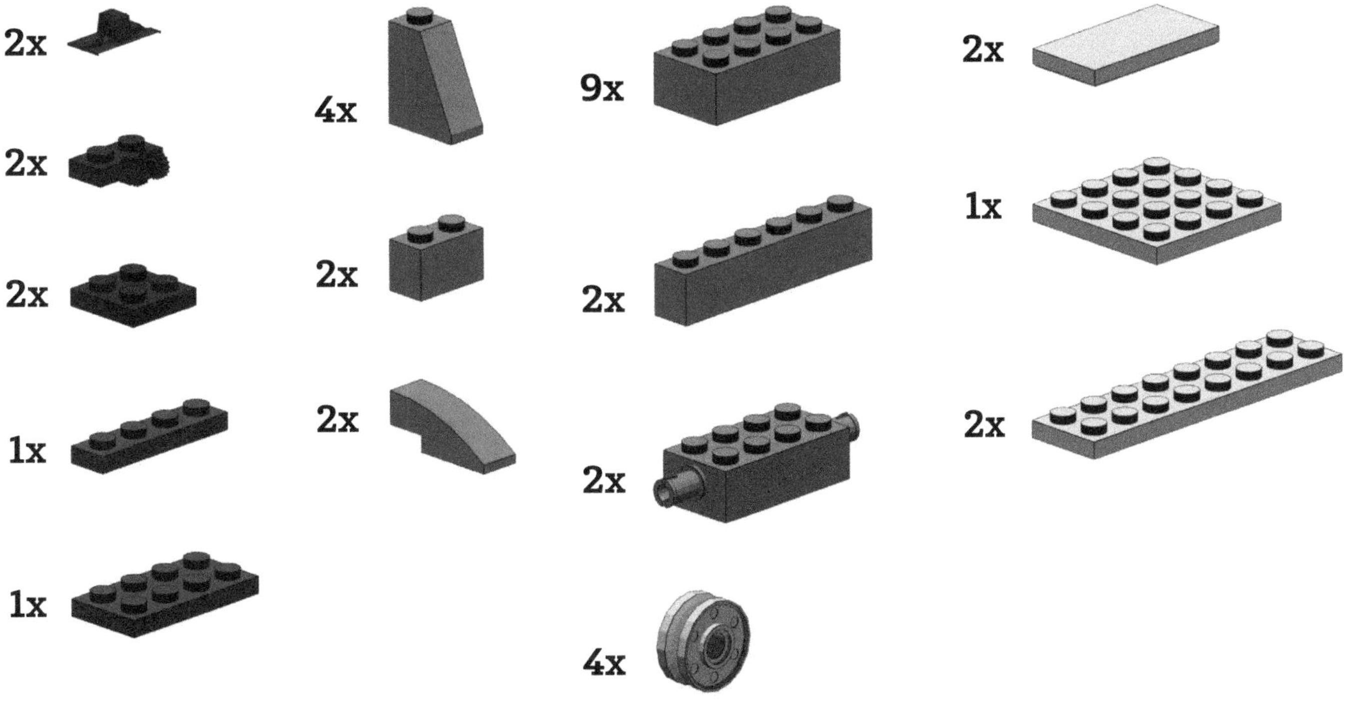

2x
2x
2x
1x
1x

4x
2x
2x

9x
2x
2x
4x

2x
1x
2x

1

2x

1x

2

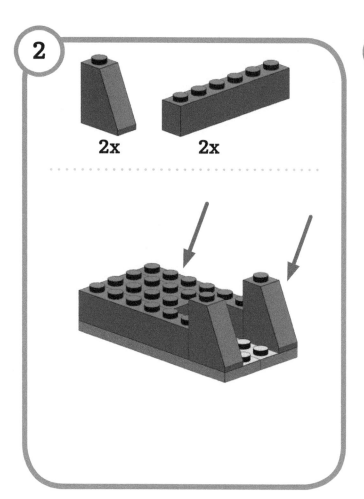

2x 2x

3

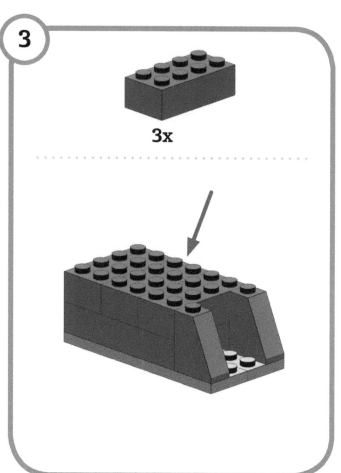

3x

4

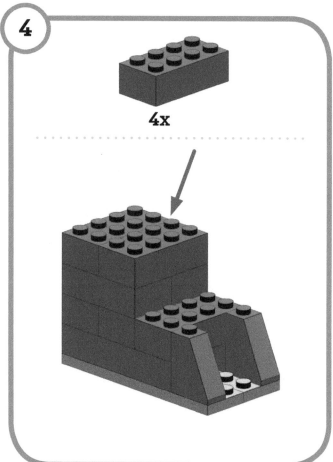

4x

5

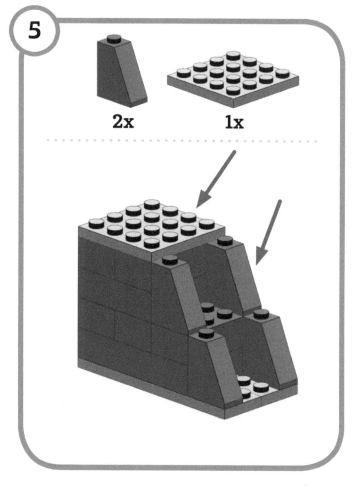

2x 1x

6

1x 2x

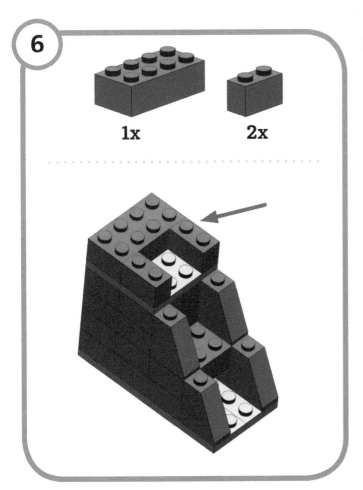

7

2x 2x 2x

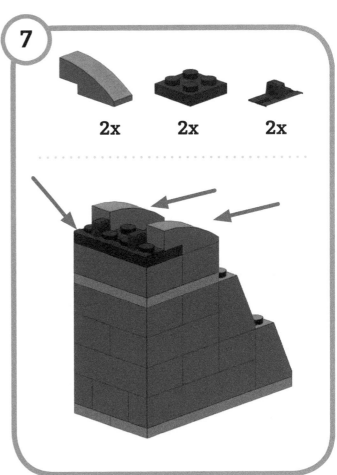

8

1x 2x 1x 2x

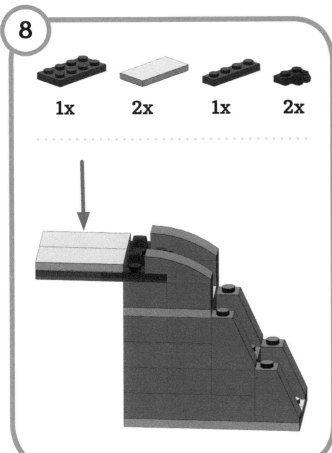

9

2x 4x

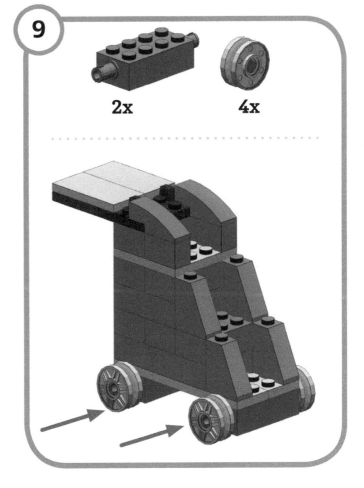

Build a Treasury

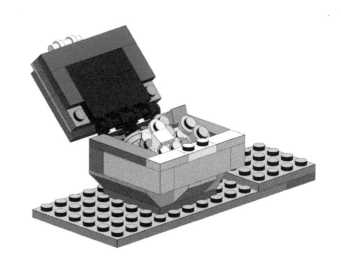

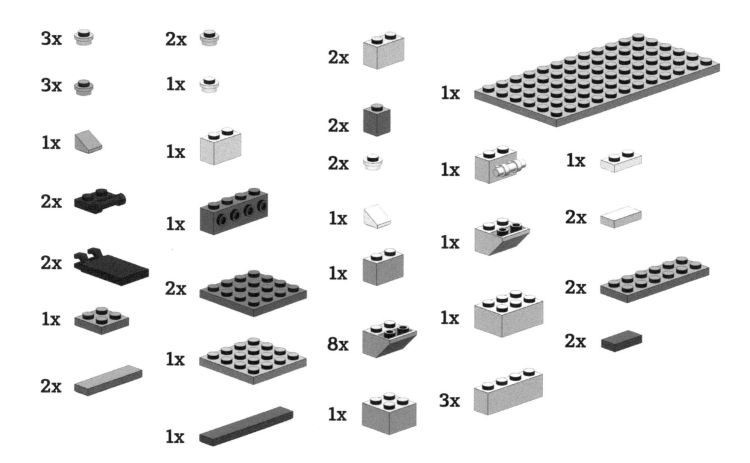

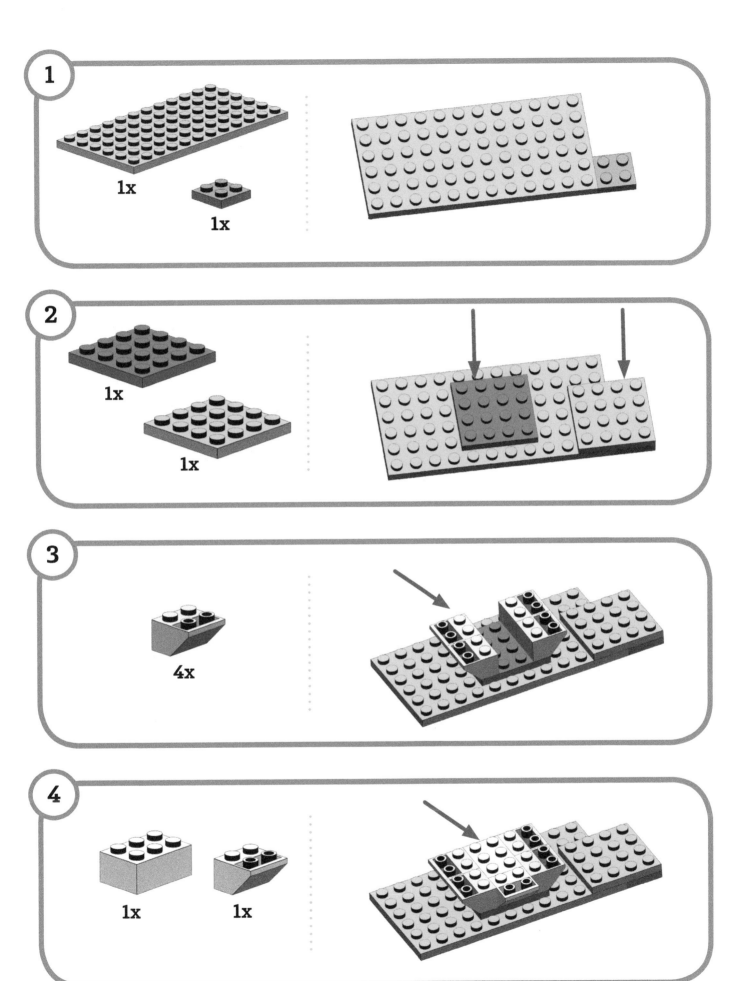

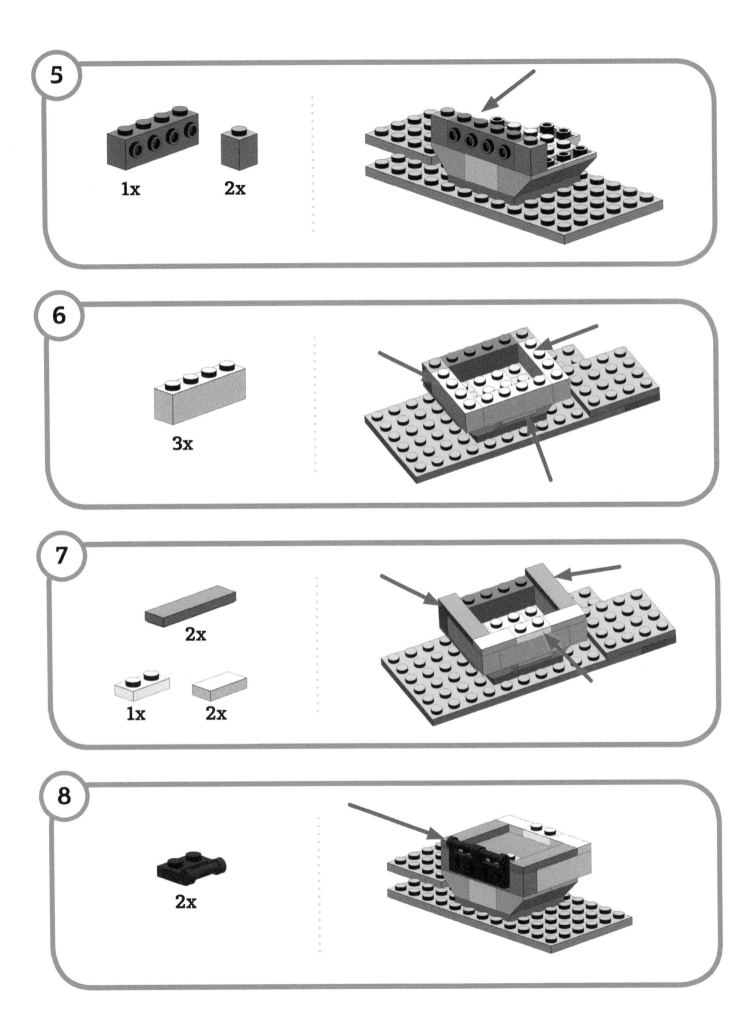

5

1x 2x

6

3x

7

2x

1x 2x

8

2x

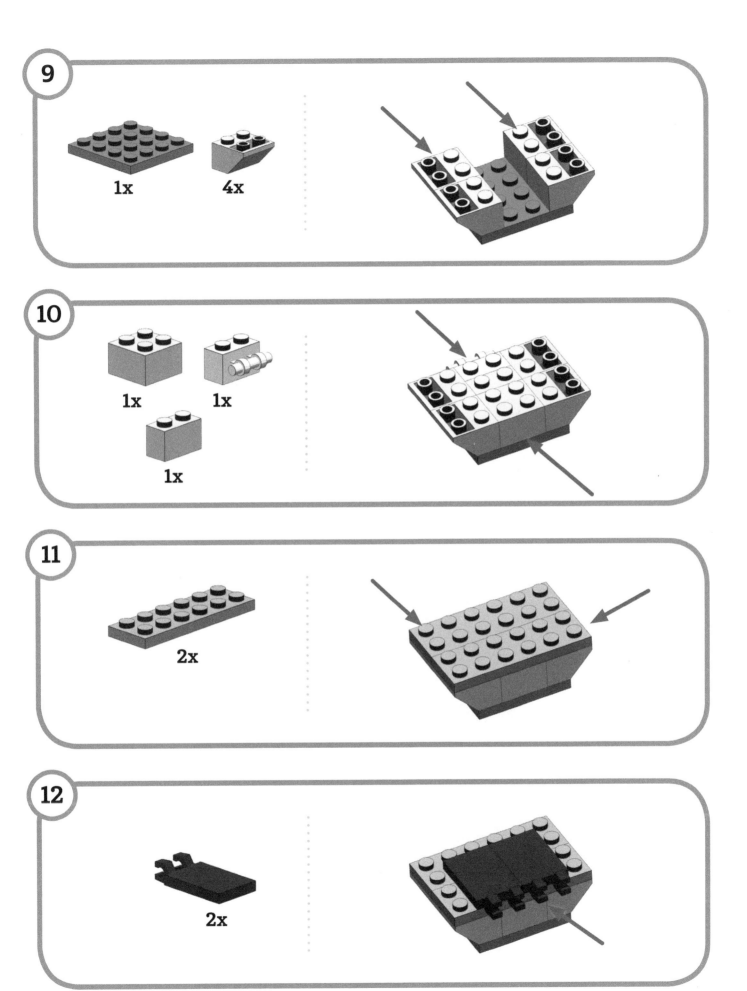

9

1x 4x

10

1x 1x

1x

11

2x

12

2x

13

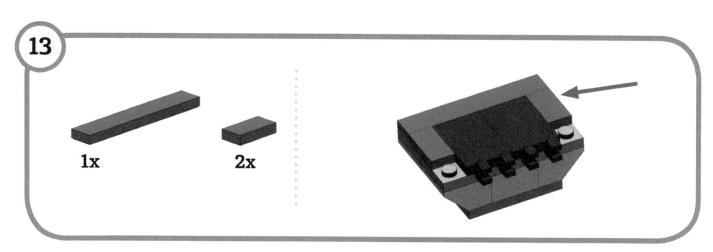

1x 2x

14

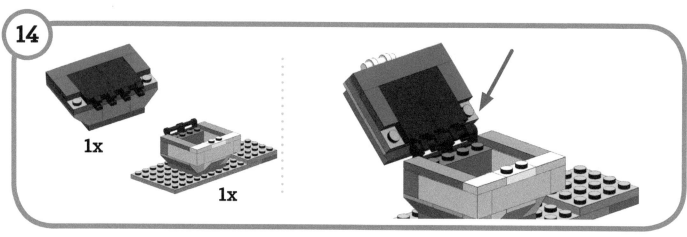

1x 1x

15

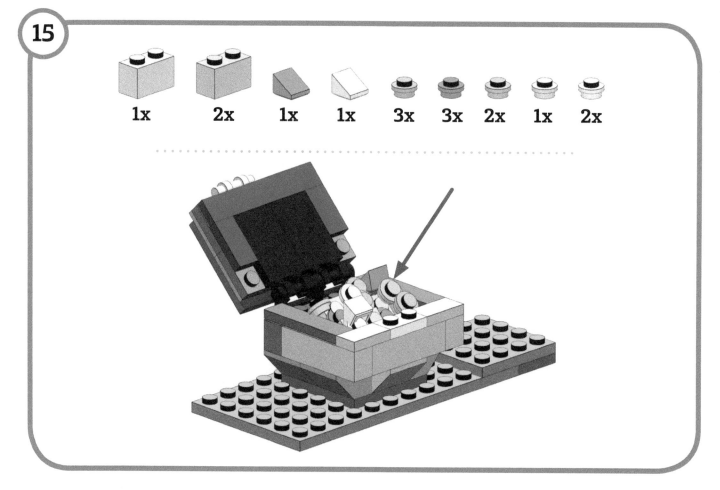

1x 2x 1x 1x 3x 3x 2x 1x 2x

Build a Dungeon

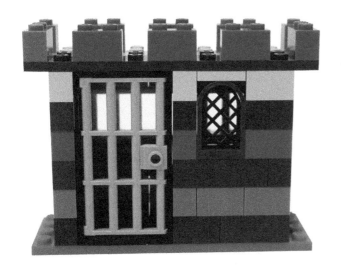

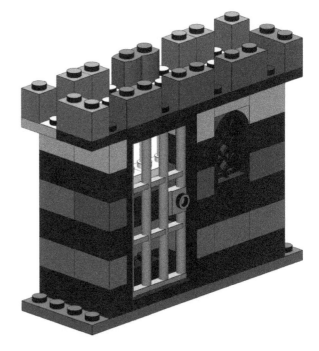

1x
1x

1x

1x

2x
2x
4x
4x
2x

2x

1x
7x
1x
7x
4x
7x

1x

4x
1x
4x

1x
2x
1x
2x
1x

1x

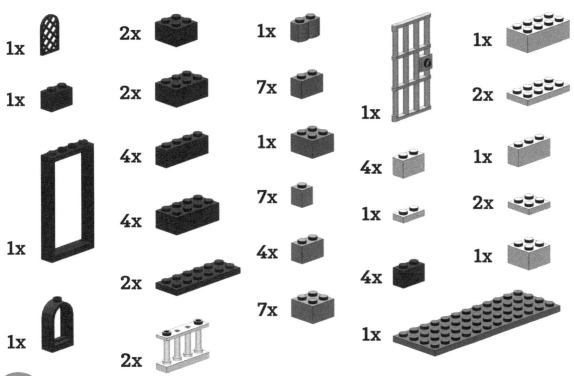

1

1x
1x

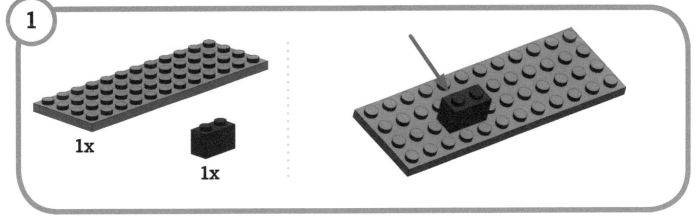

2

1x   1x

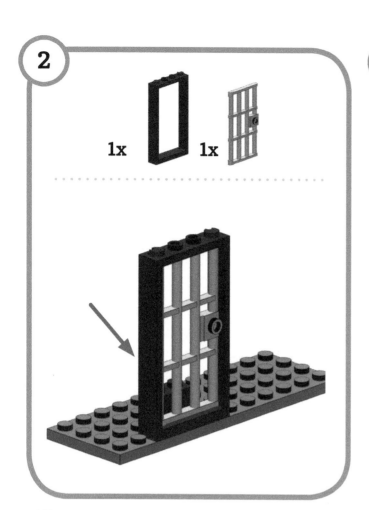

3

2x   1x   2x   1x

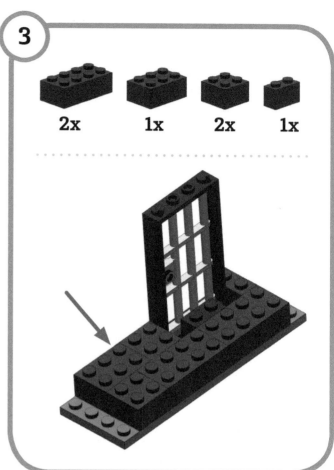

4

7x   2x

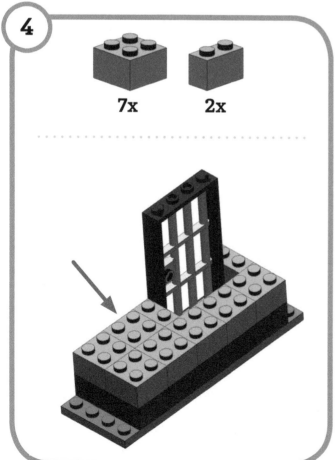

5

2x   2x   1x   1x

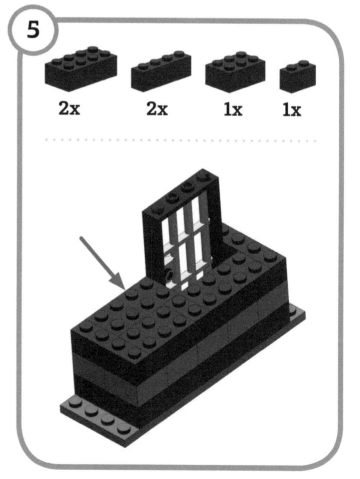

6

1x 3x 1x 1x

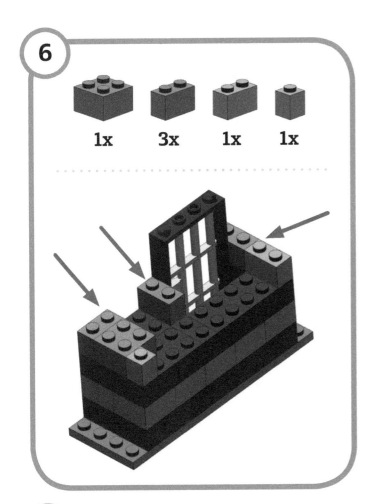

7

1x 2x 1x

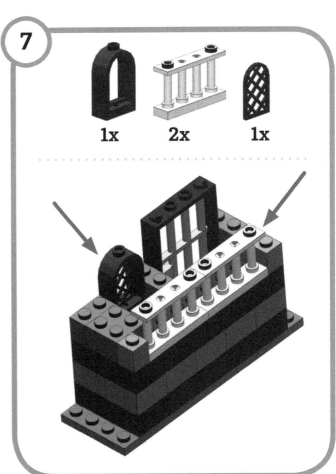

8

2x 2x

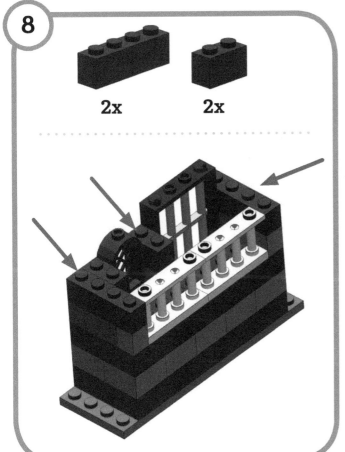

9

1x 1x 1x

4x 1x

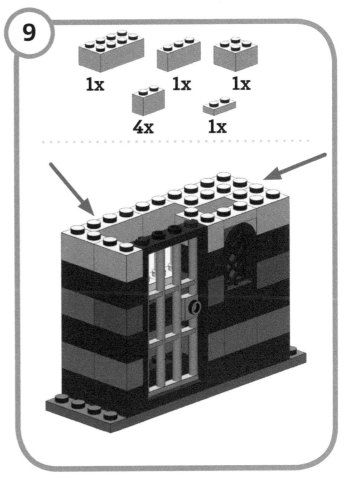

10

2x **2x** **2x**

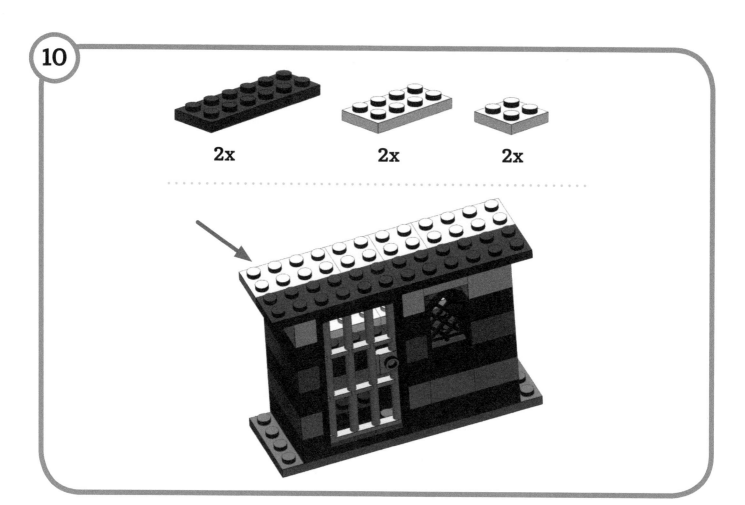

11

4x **1x** **1x** **6x**

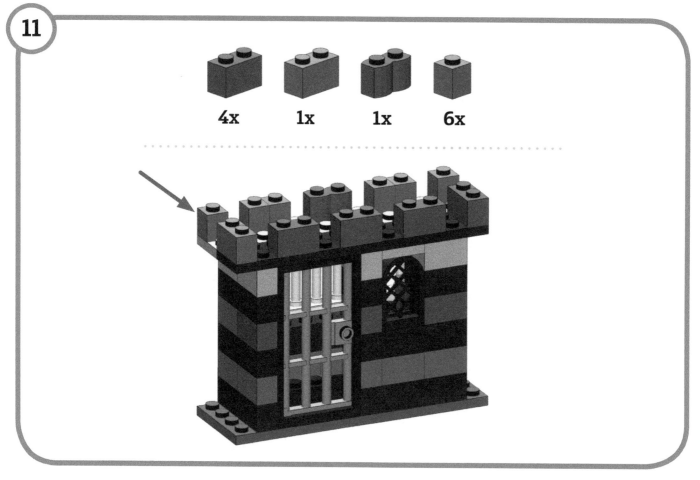

Build a Wishing Well

2x · 4x · 2x

4x · 2x · 2x · 1x

2x · 2x · 4x · 1x · 2x

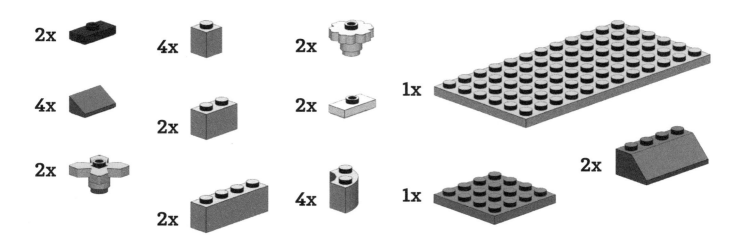

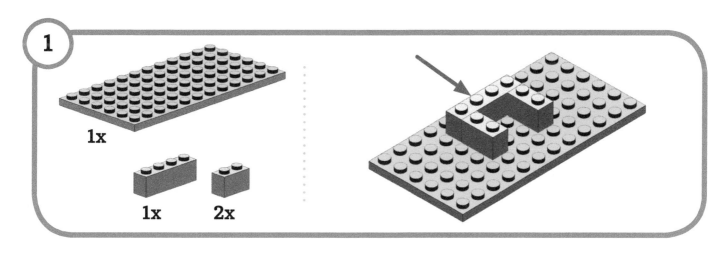

1

1x

1x · 2x

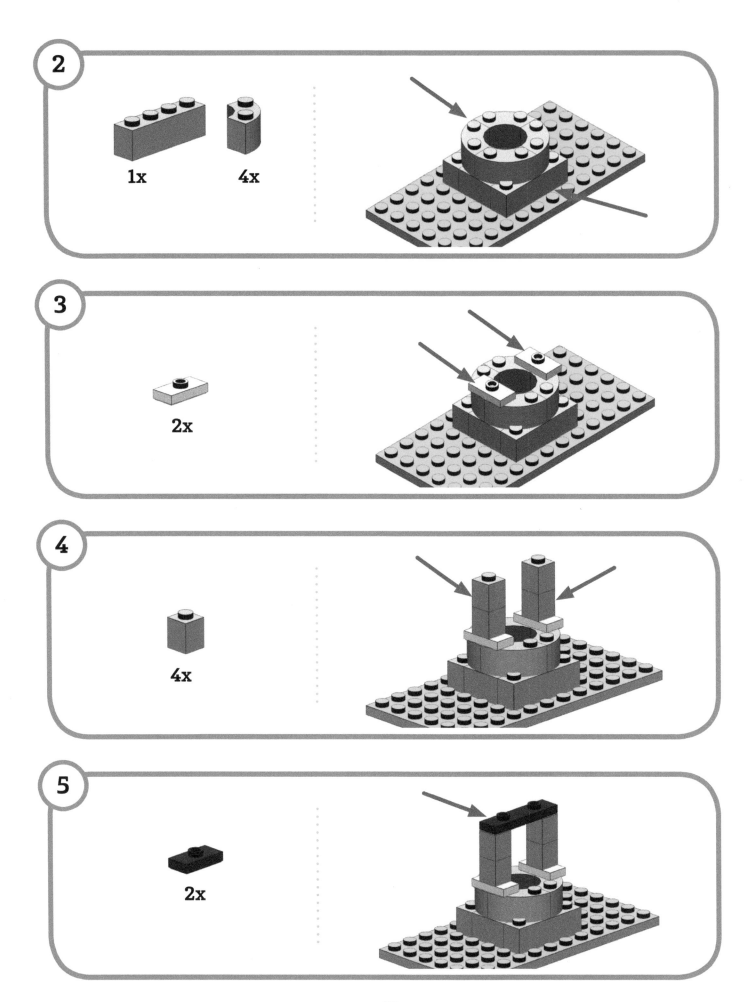

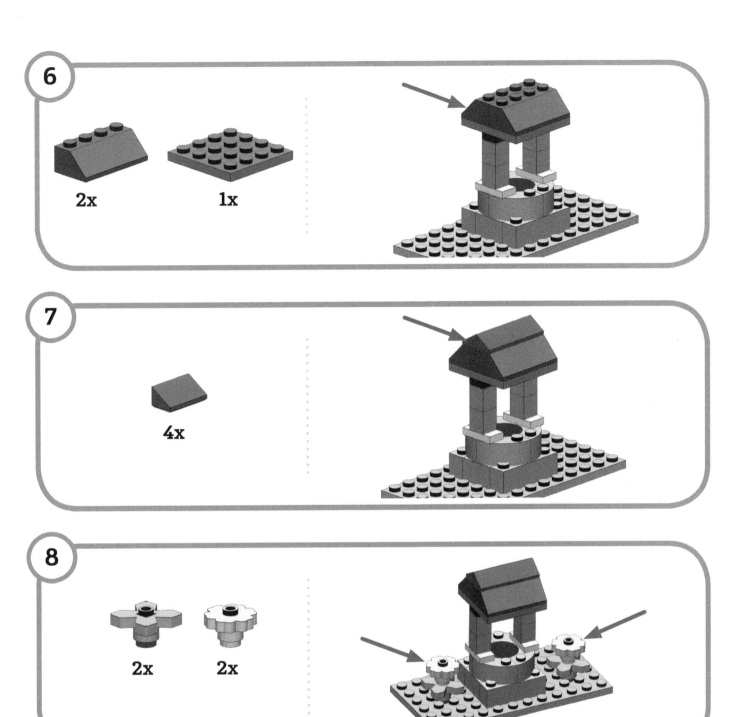

6 2x 1x

7 4x

8 2x 2x

33

A Merry Joust

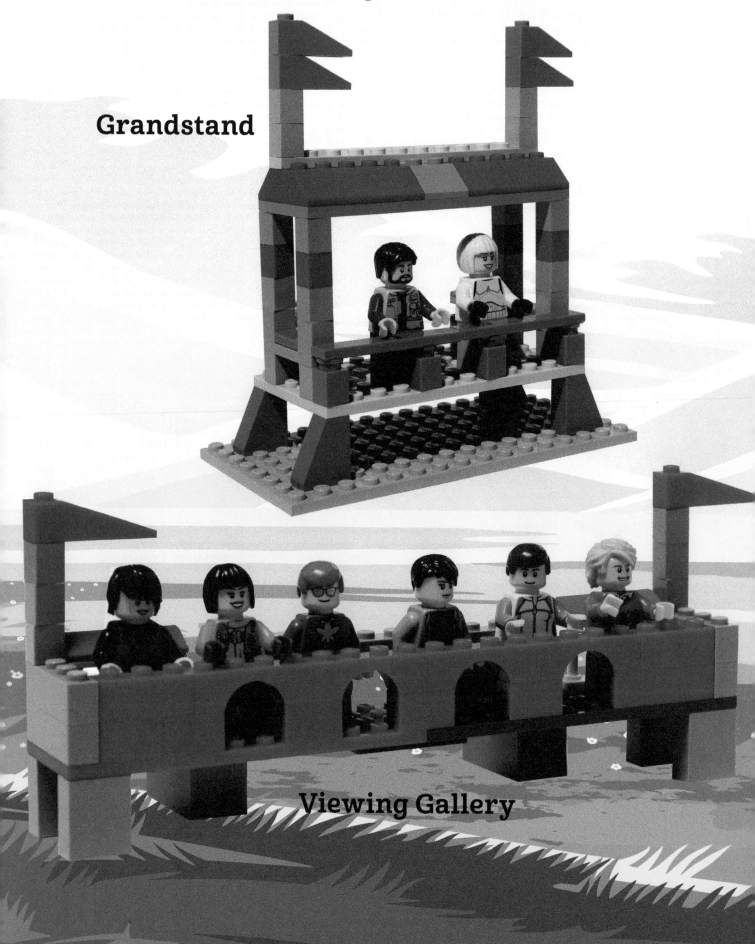

Grandstand

Viewing Gallery

Black-Gray Tent

Red-White Tent

Brown Horse with Lance

Tan Horse with Lance

Build a Viewing Gallery

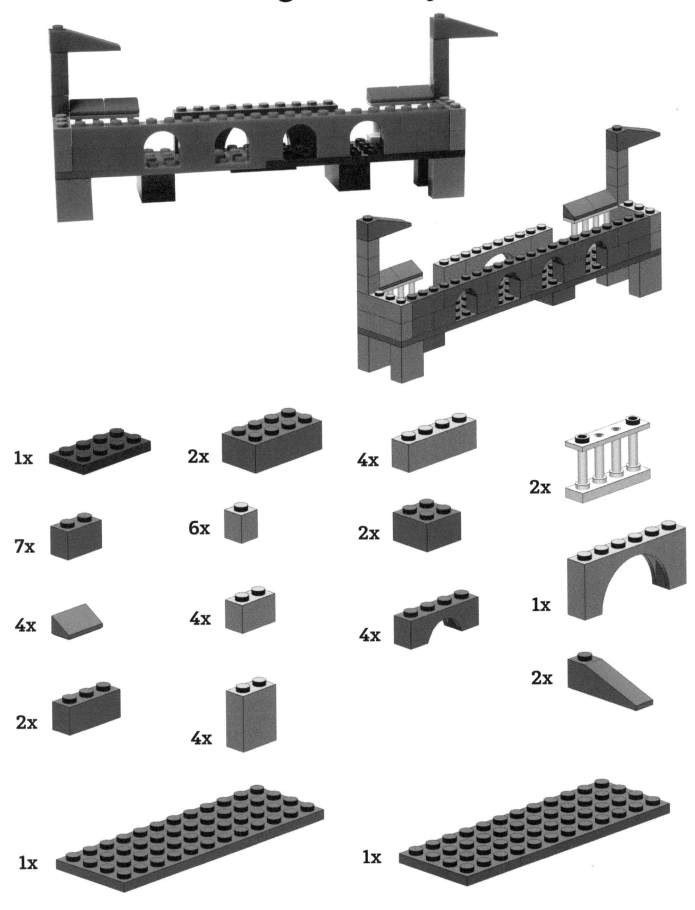

1x

2x

4x

2x

7x

6x

2x

4x

4x

4x

1x

2x

4x

2x

4x

1x

1x

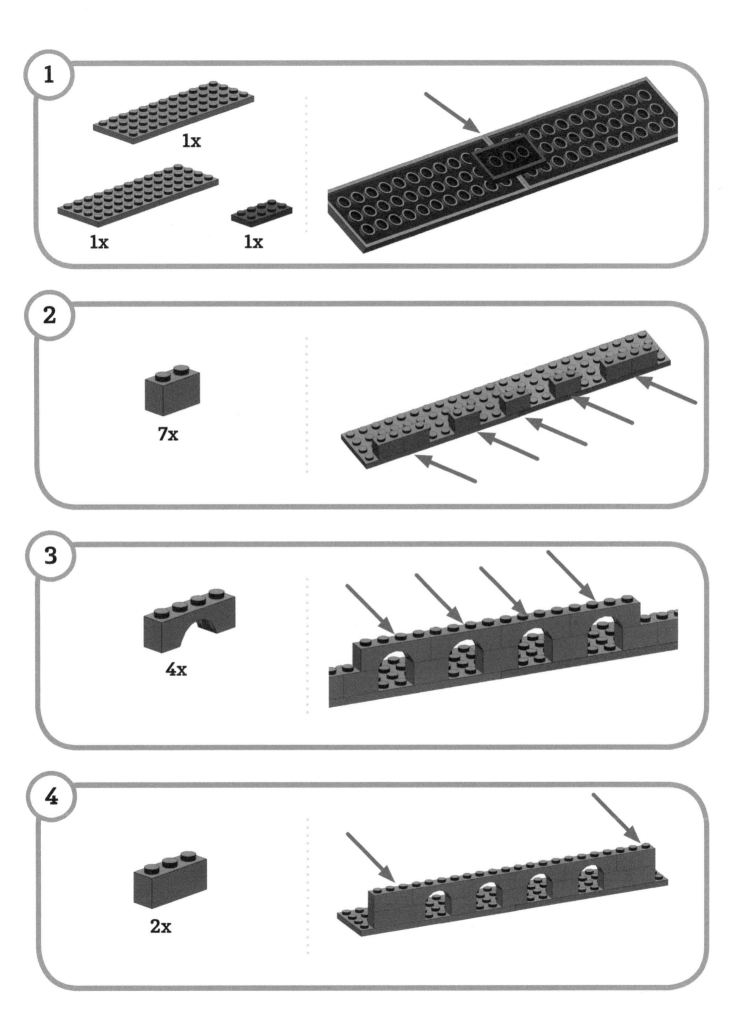

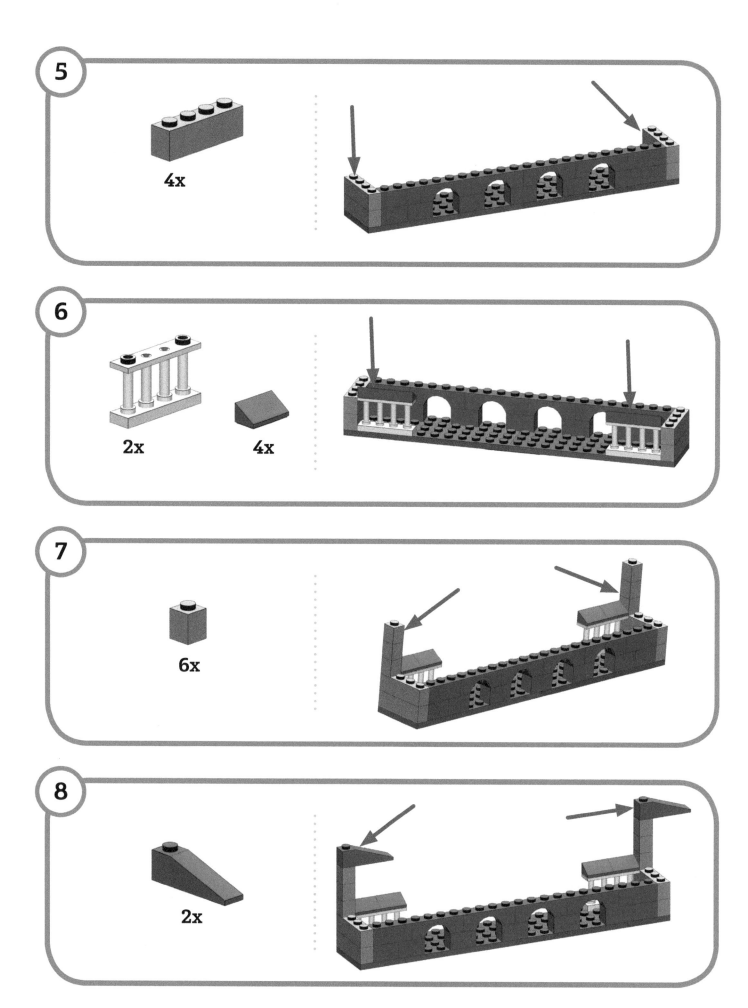

5 4x

6 2x 4x

7 6x

8 2x

9

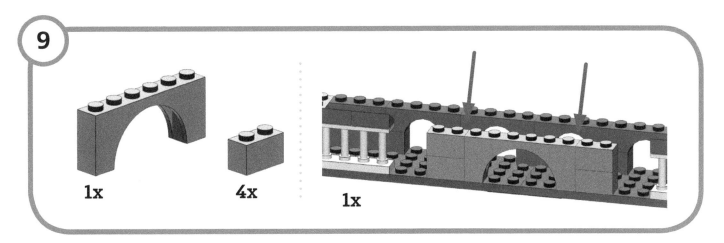

1x   4x   1x

10

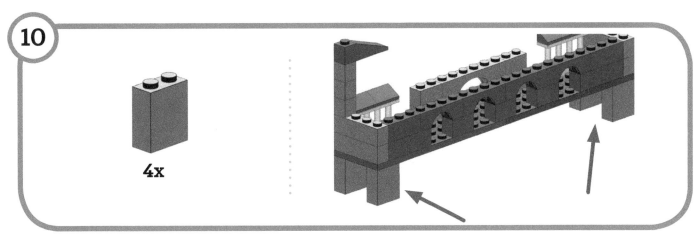

4x

11

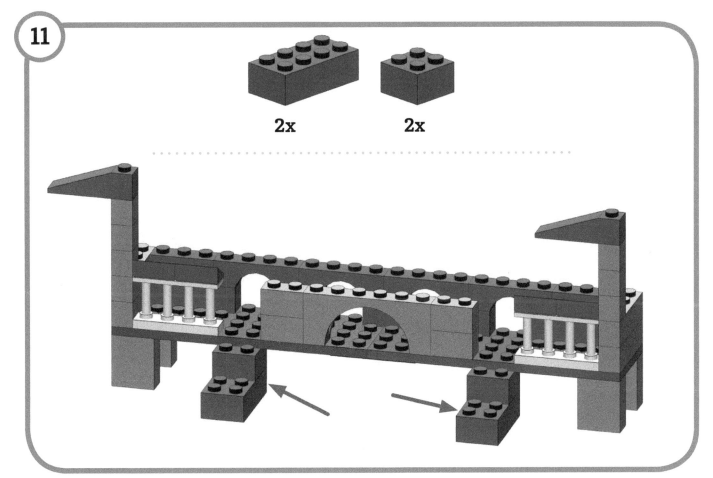

2x   2x

Build a Grandstand

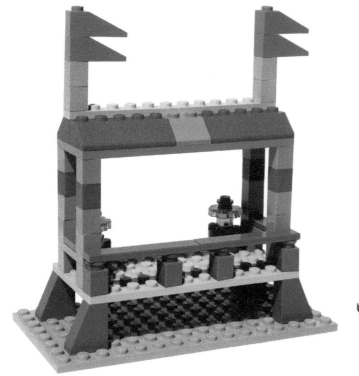
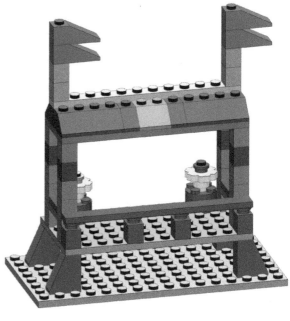

3x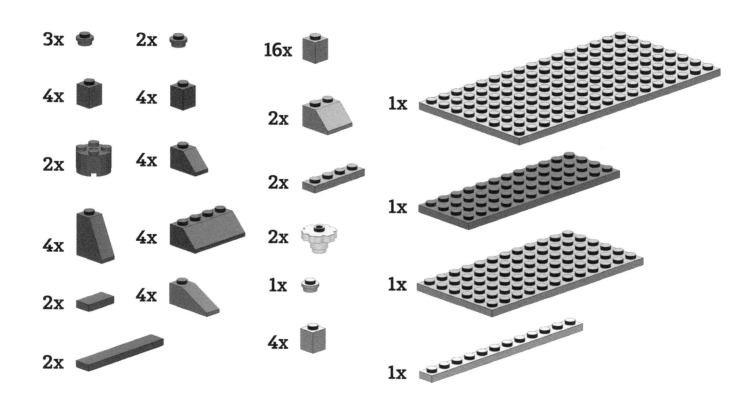

1

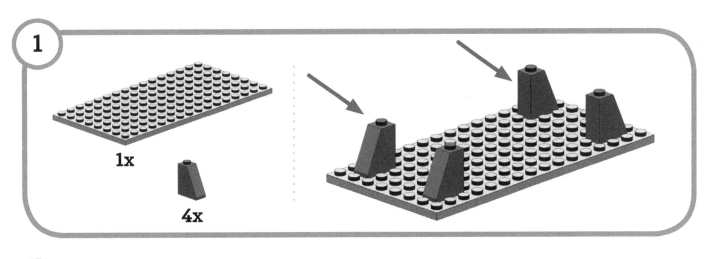

1x

4x

2

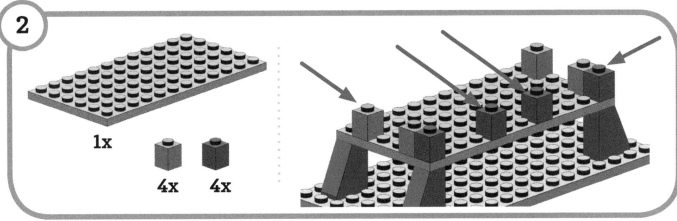

1x

4x 4x

3

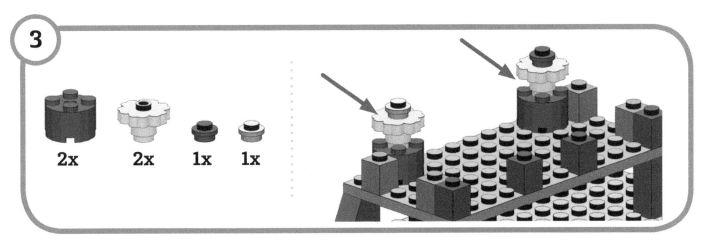

2x 2x 1x 1x

4

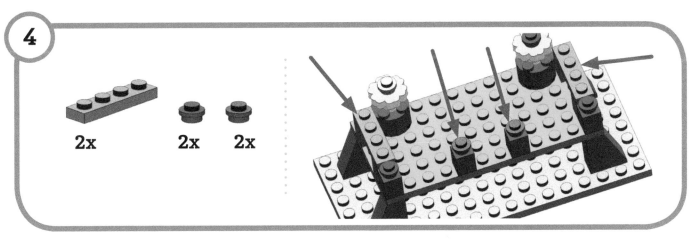

2x 2x 2x

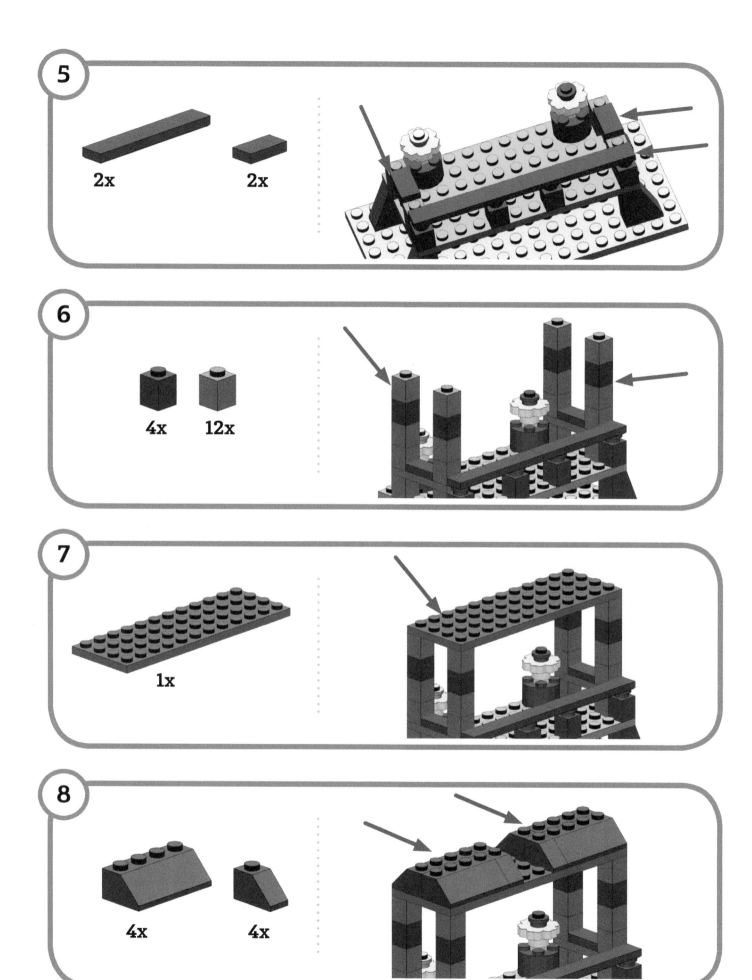

5

2x   2x

6

4x   12x

7

1x

8

4x   4x

9

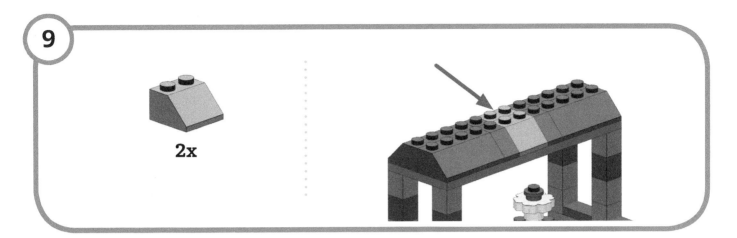

2x

10

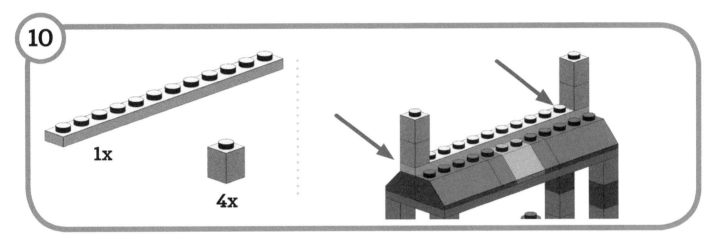

1x

4x

11

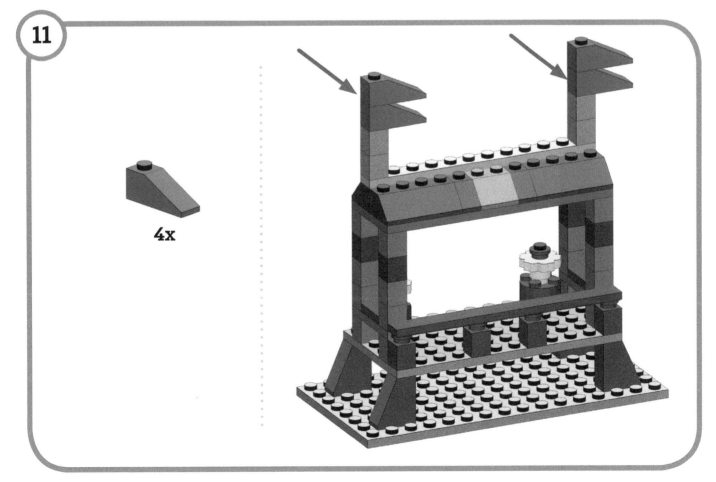

4x

43

Build a Black-Gray Tent

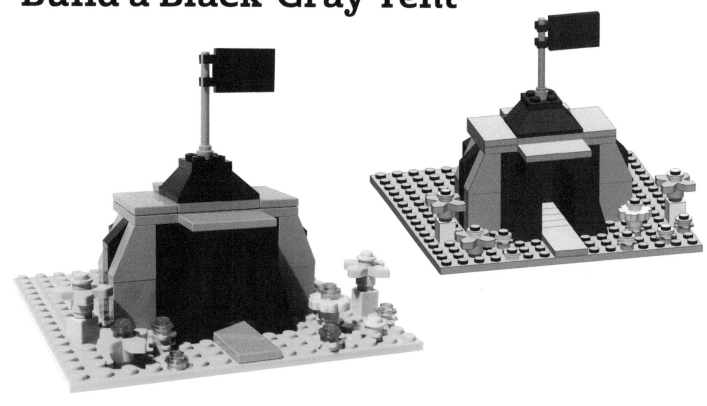

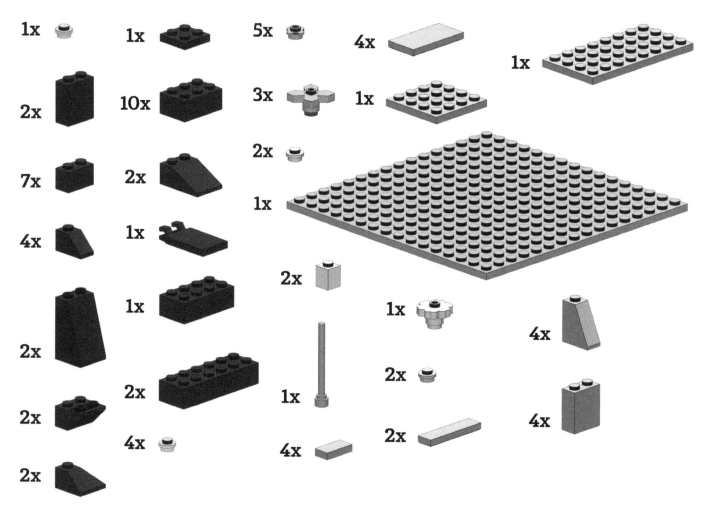

1x

1x

5x

4x

1x

2x

10x

3x

1x

1x

7x

2x

2x

4x

1x

2x

2x

1x

1x

2x

1x

2x

2x

2x

4x

4x

2x

4x

4x

1

1x

1x

4x

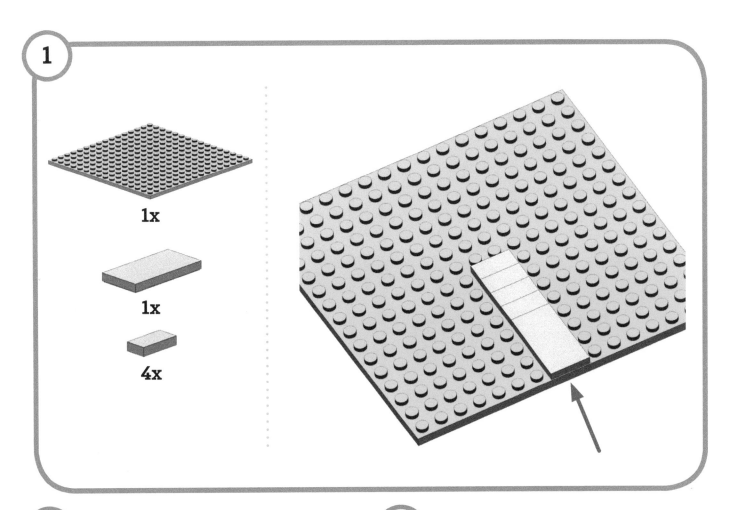

2

2x 1x 2x

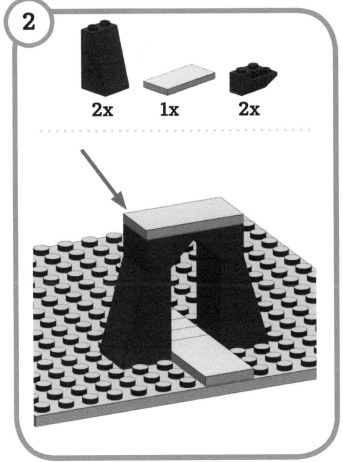

3

8x

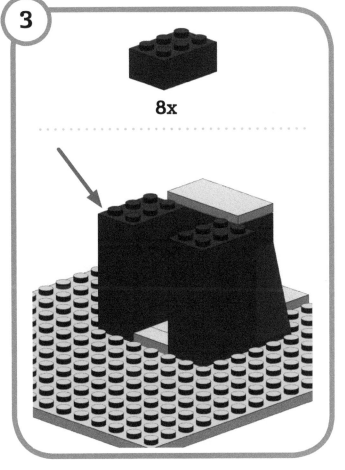

4

2x 2x

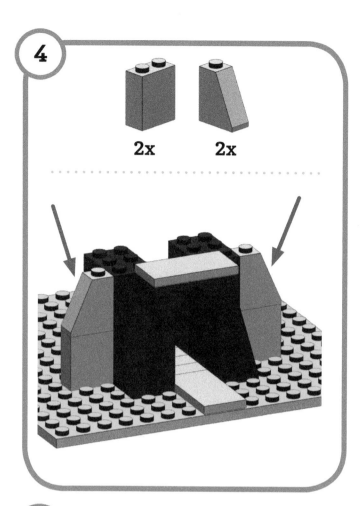

5

2x 2x 2x

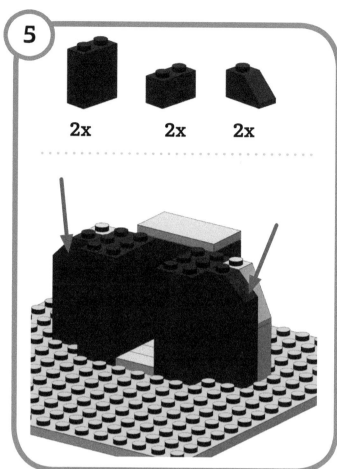

6

2x 2x

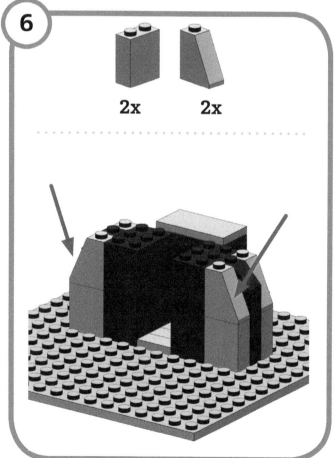

7

2x 4x

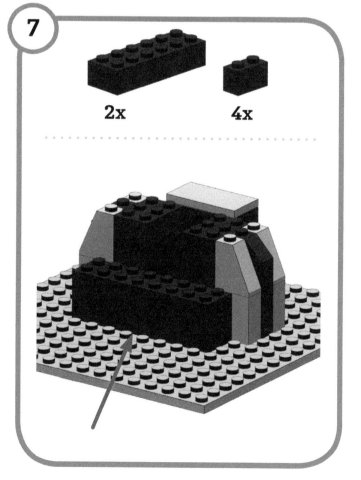

8

1x **1x** **1x**

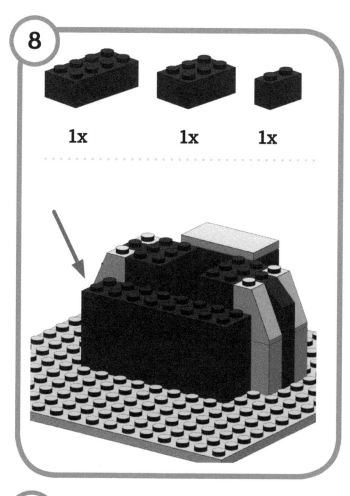

9

1x **2x** **1x**

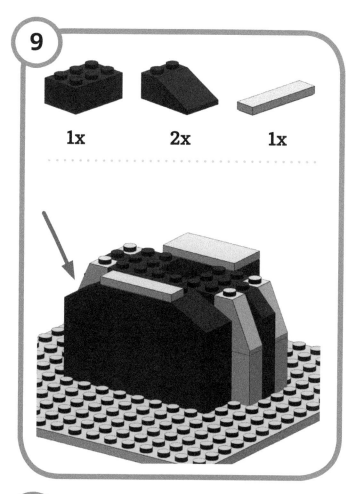

10

1x **1x** **1x**

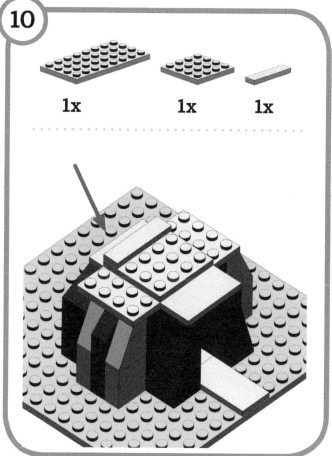

11

2x

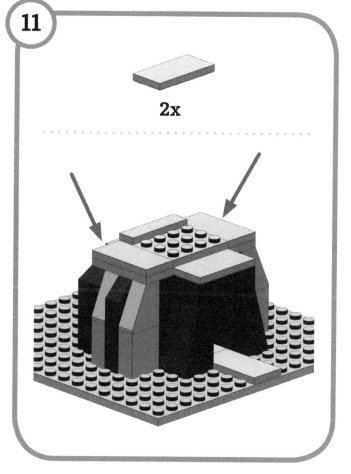

12

2x 2x

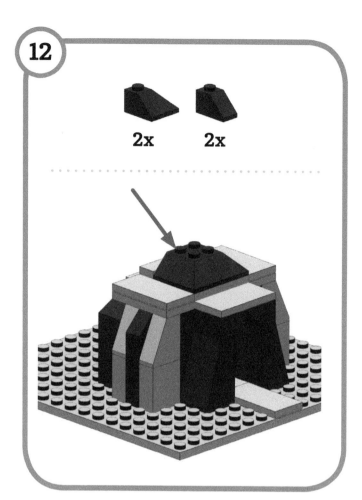

13

1x 1x 1x

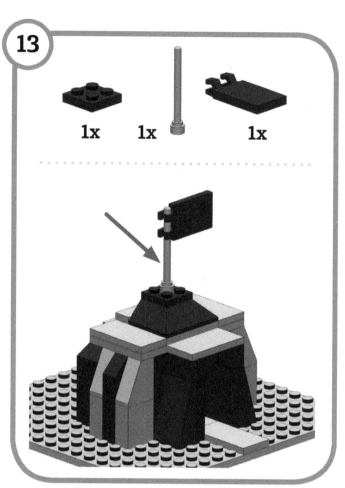

14

3x 1x 2x

1x 4x 5x 2x 2x

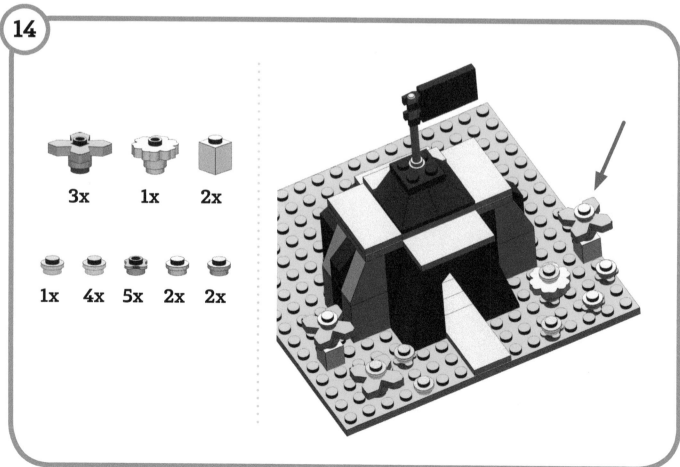

Build a Red-White Tent

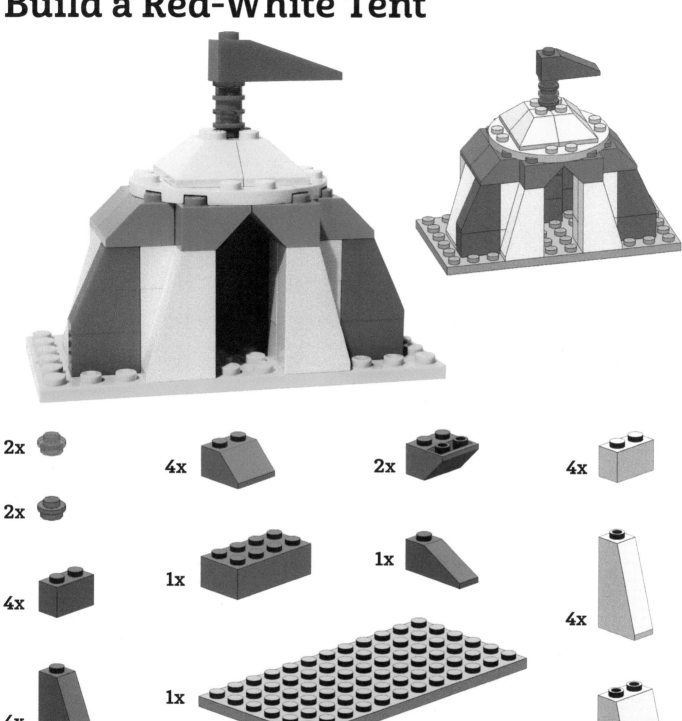

2x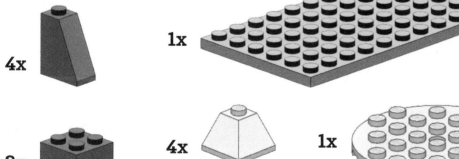

2x

4x

3x

4x

1x

1x

1x

4x

2x

1x

1x

4x

4x

4x

1x

4x

1

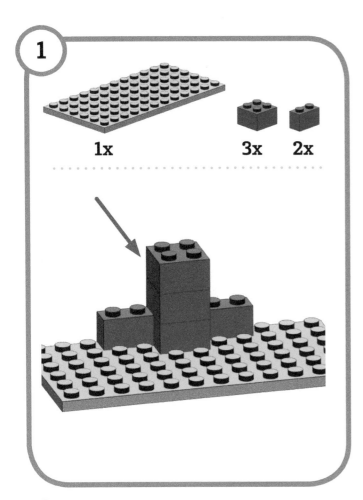

1x 3x 2x

2

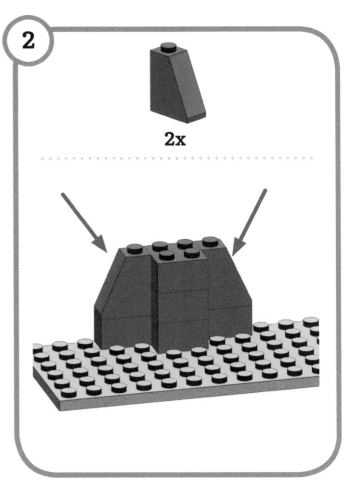

2x

3

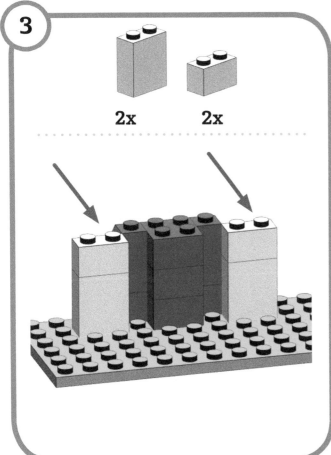

2x 2x

4

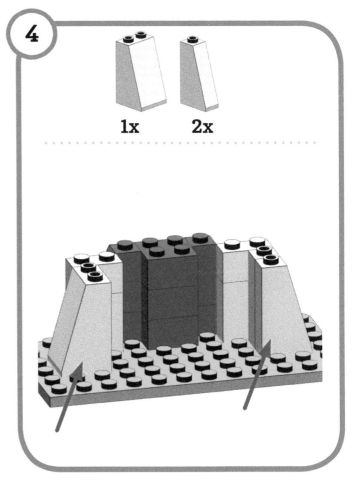

1x 2x

5

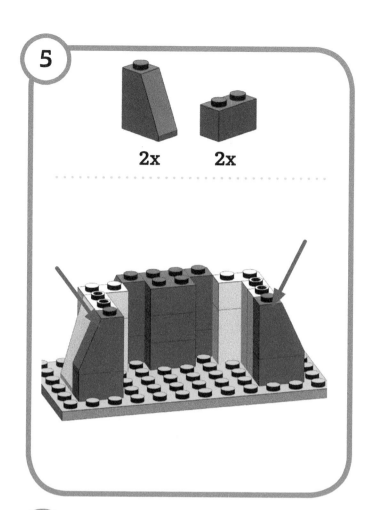

2x 2x

6

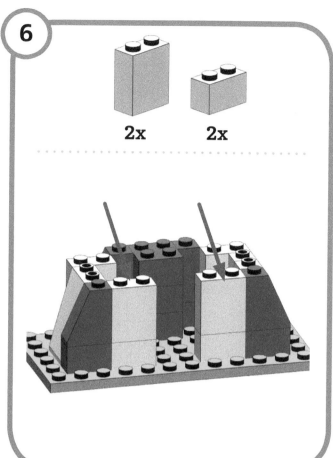

2x 2x

7

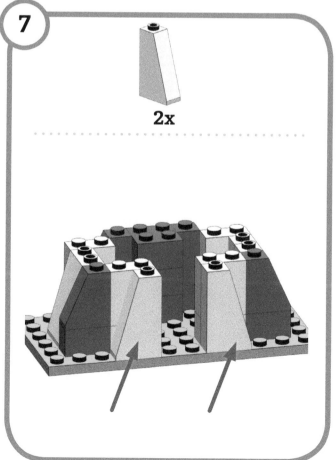

2x

8

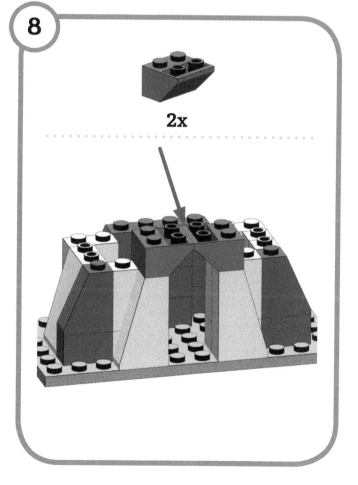

2x

51

9

4x

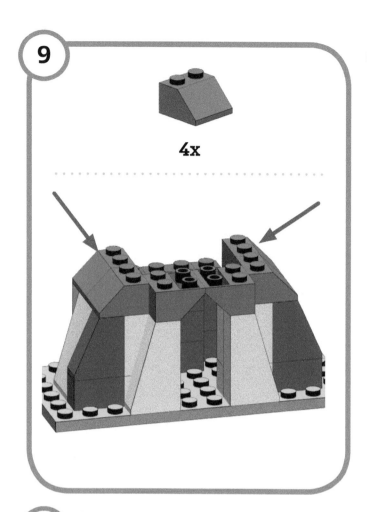

10

1x

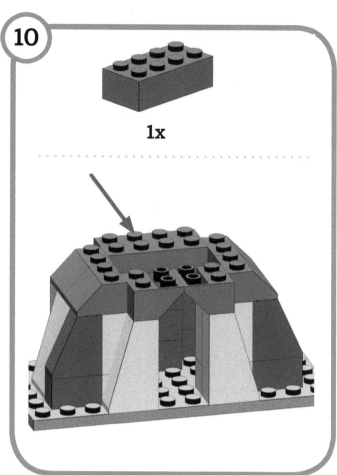

11

1x

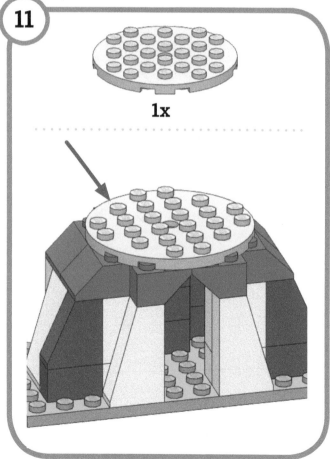

12

4x

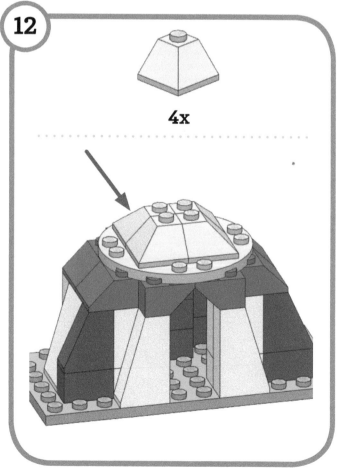

13

1x

2x 2x

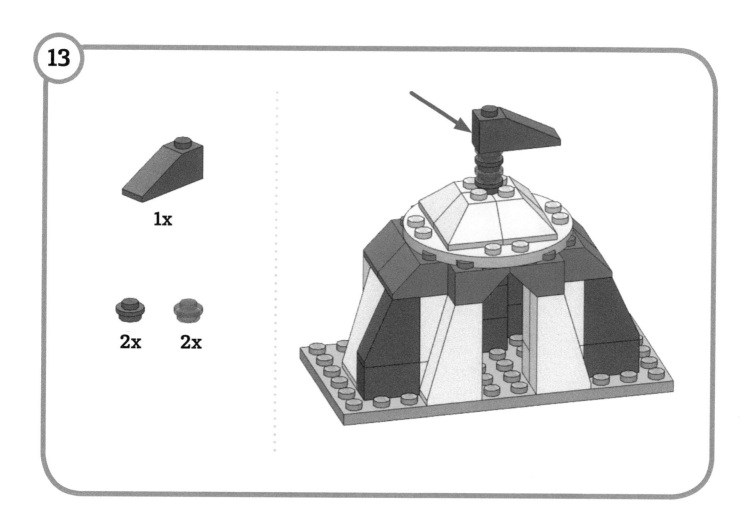

Build a Brown Horse with Lance

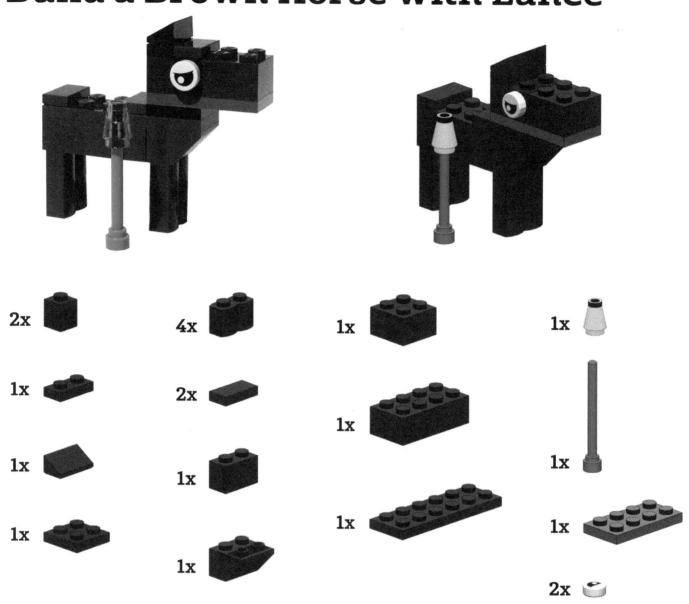

2x
4x
1x
1x

1x
2x
1x
1x

1x
1x
1x
1x

1x
1x
1x

2x

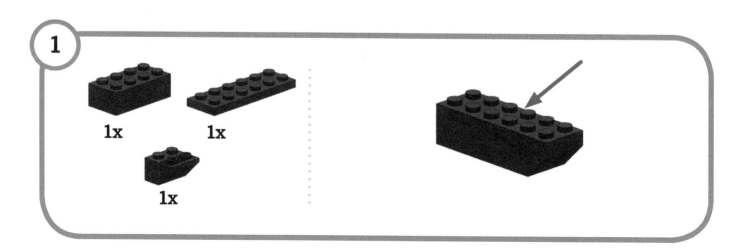

1

1x   1x

1x

54

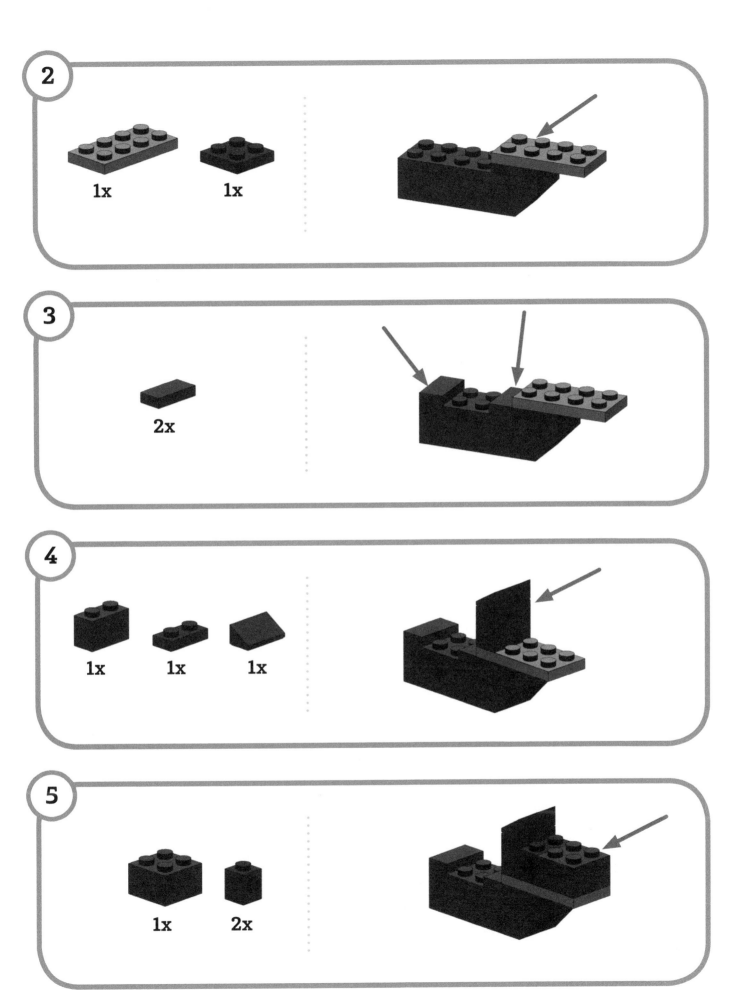

2

1x   1x

3

2x

4

1x   1x   1x

5

1x   2x

6

4x

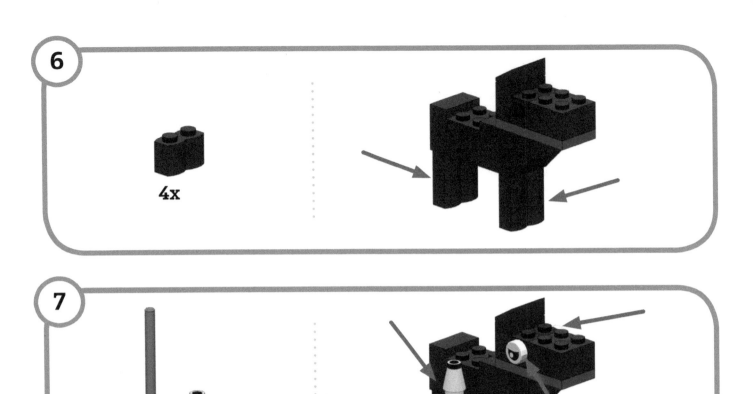

7

1x   1x   2x

Build a Tan Horse with Lance

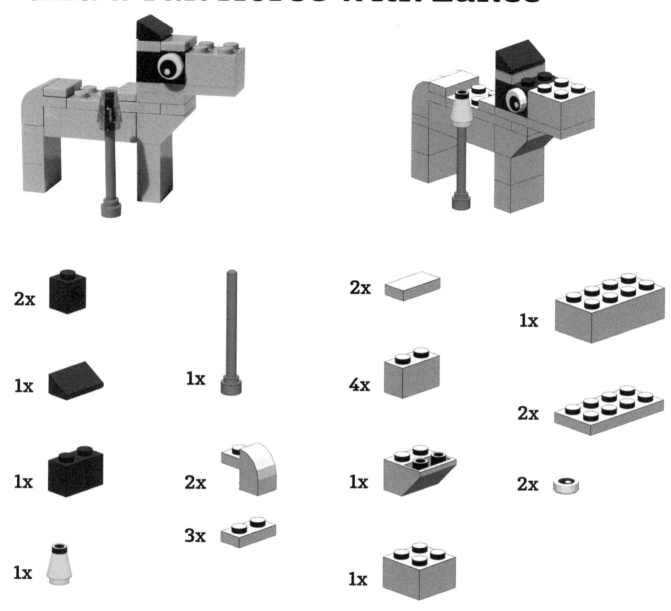

2x
1x
1x
1x
1x
2x
3x
2x
4x
1x
1x
1x
2x
2x

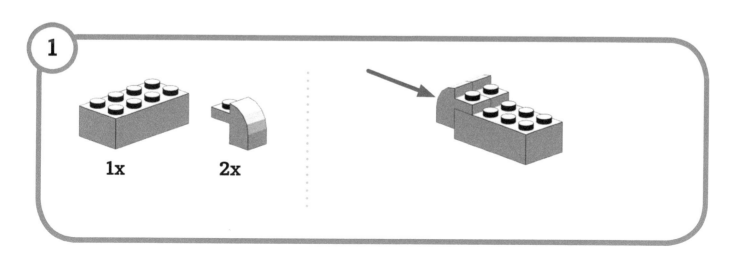

1
1x 2x

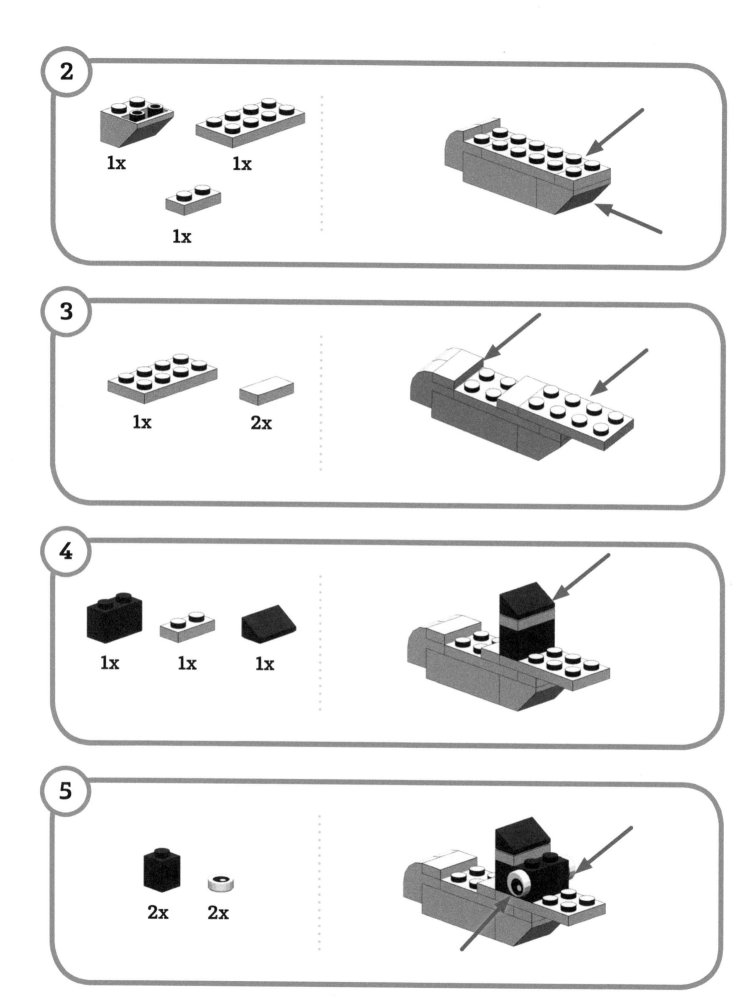

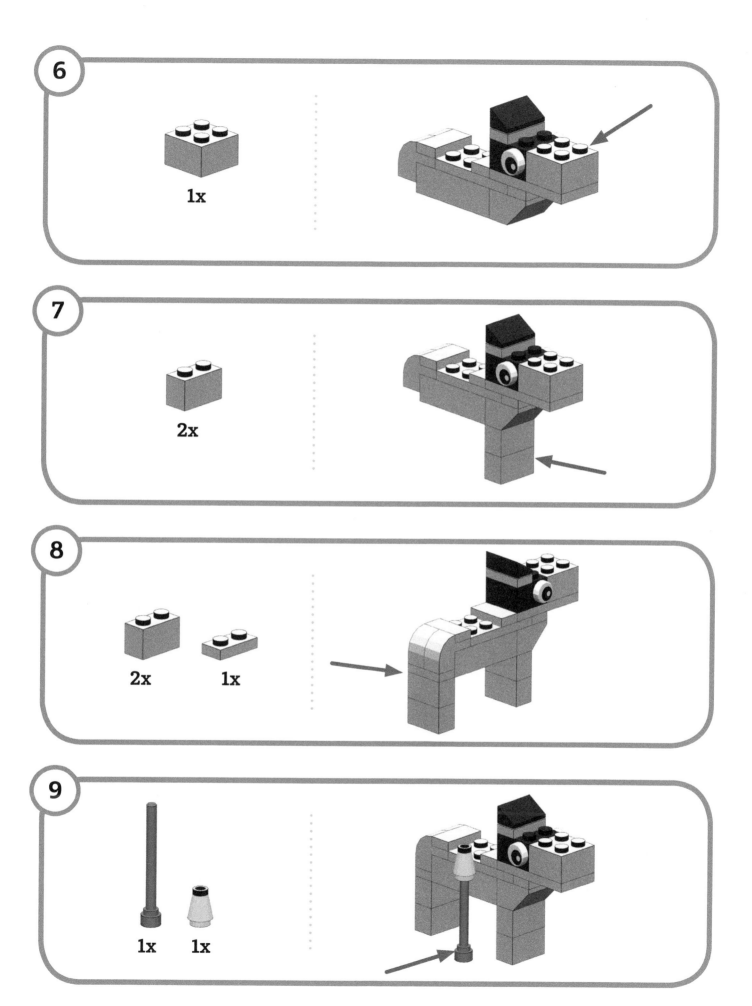

6 1x

7 2x

8 2x 1x

9 1x 1x

The Dragon Cave!

Adventuring
Gray Horse

Adventuring
Black Horse

Red Dragon

Blue Dragon

Build an Adventuring Gray Horse

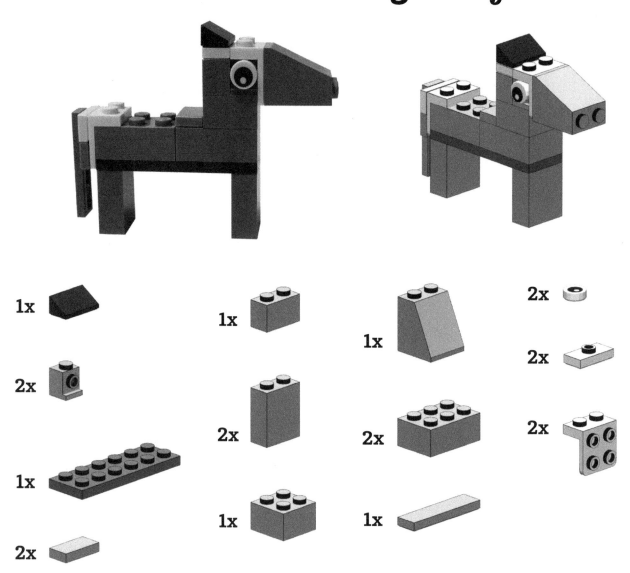

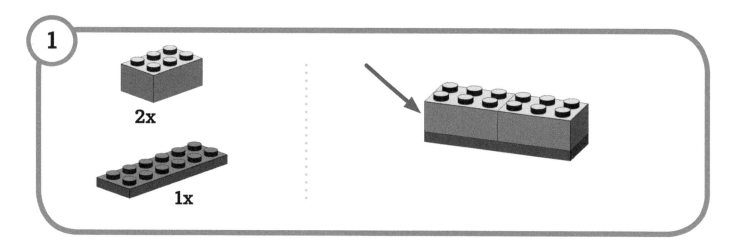

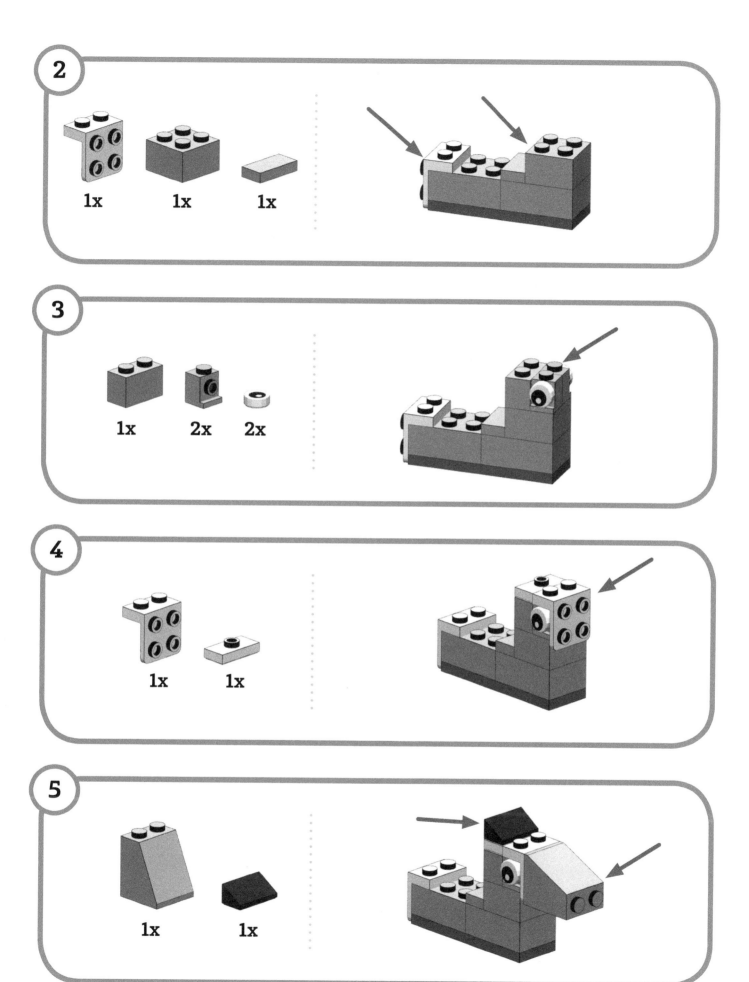

6

1x   1x

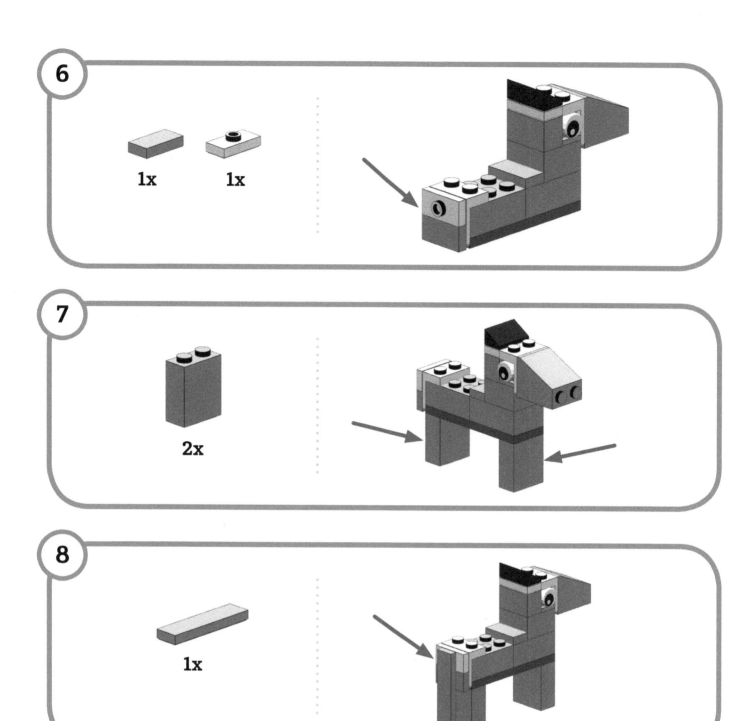

7

2x

8

1x

Build an Adventuring Black Horse

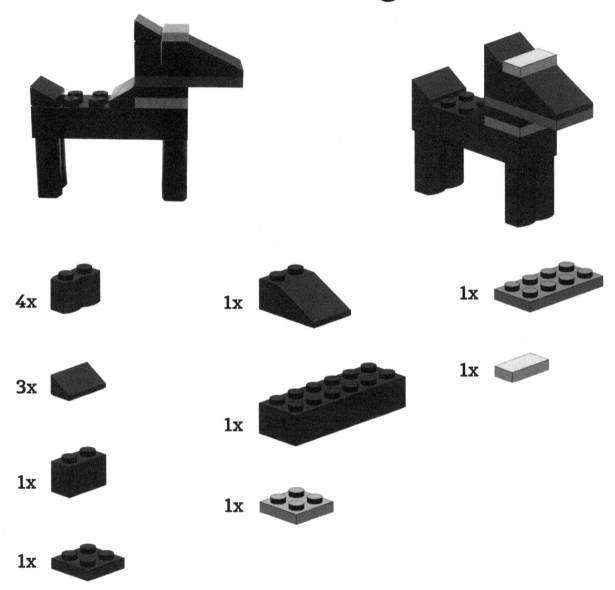

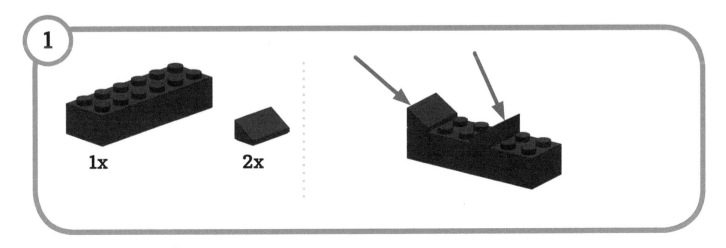

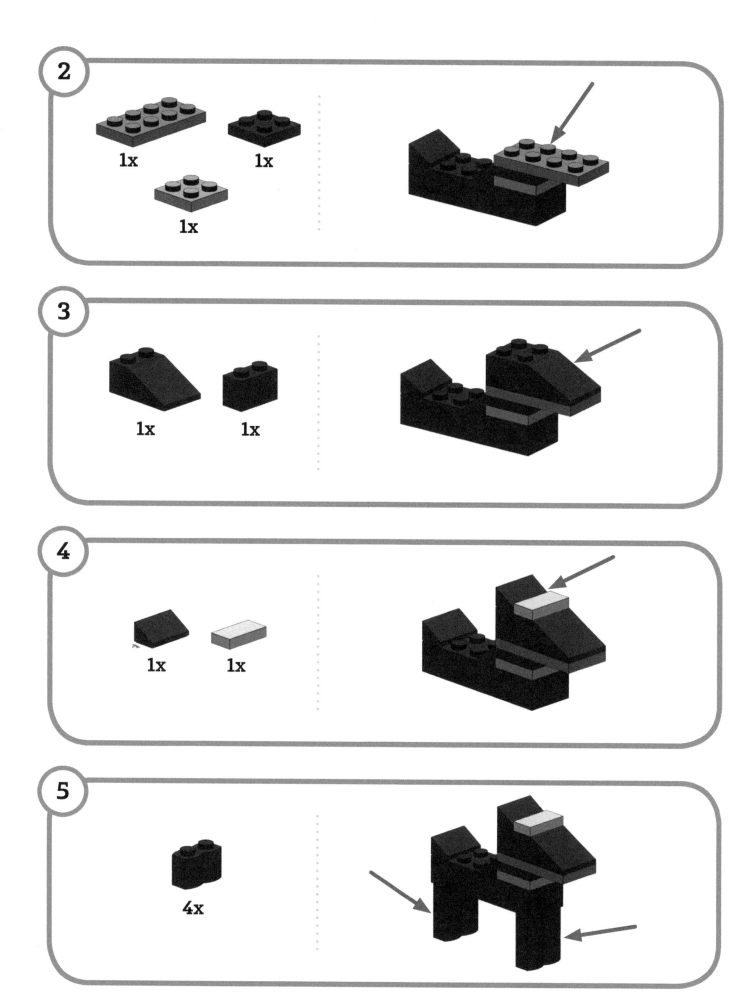

2

1x   1x

1x

3

1x   1x

4

1x   1x

5

4x

Build a Red Dragon

2x 🔘   1x ▬   2x 🔘

2x ◣   1x ▬   4x ◢

4x ▮   1x ▦   2x 🔘

2x ▦   1x ▬   6x ▮

4x ◣   6x ◣   2x ◢

2x ▬   2x ▬   1x ◢

2x ▬   1x ▬   3x ◢

1x ▮   2x 🔘

1x ▬   1x ◤

1x ⌒   1x ◣

2x ▬

1x ▬

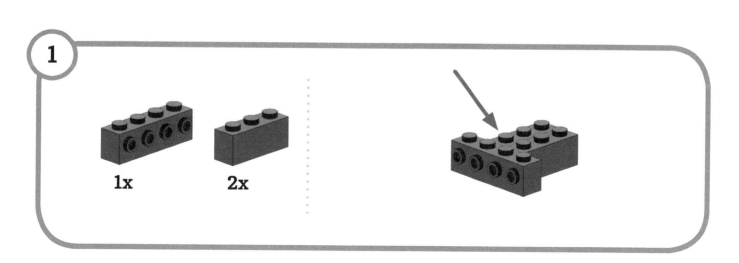

1

1x   2x

67

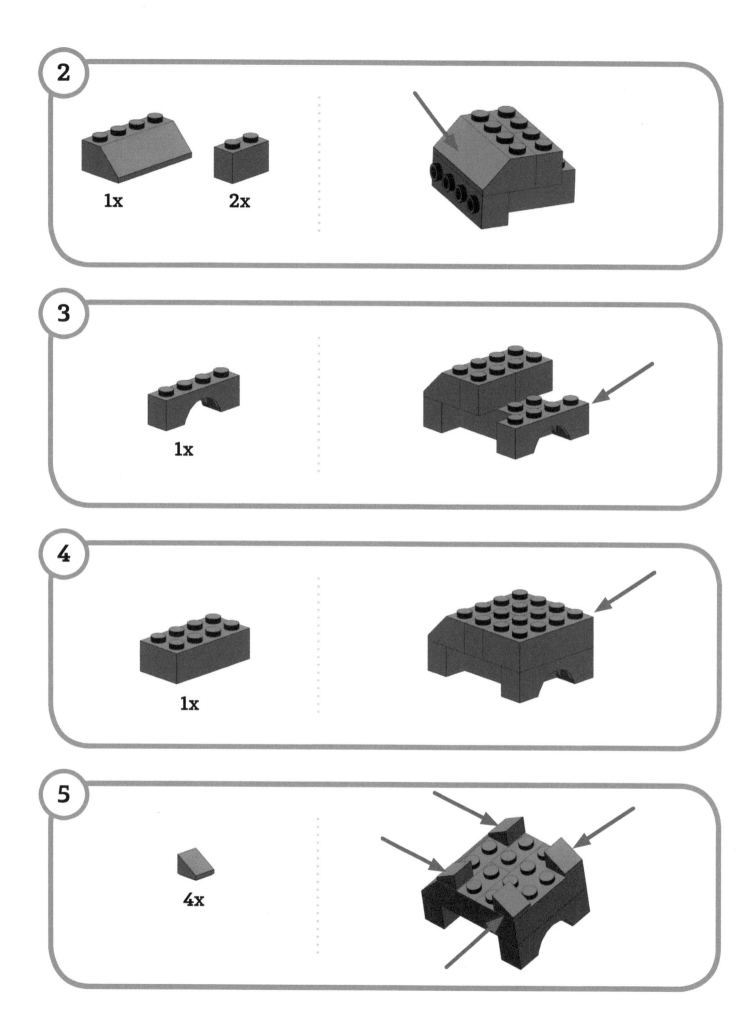

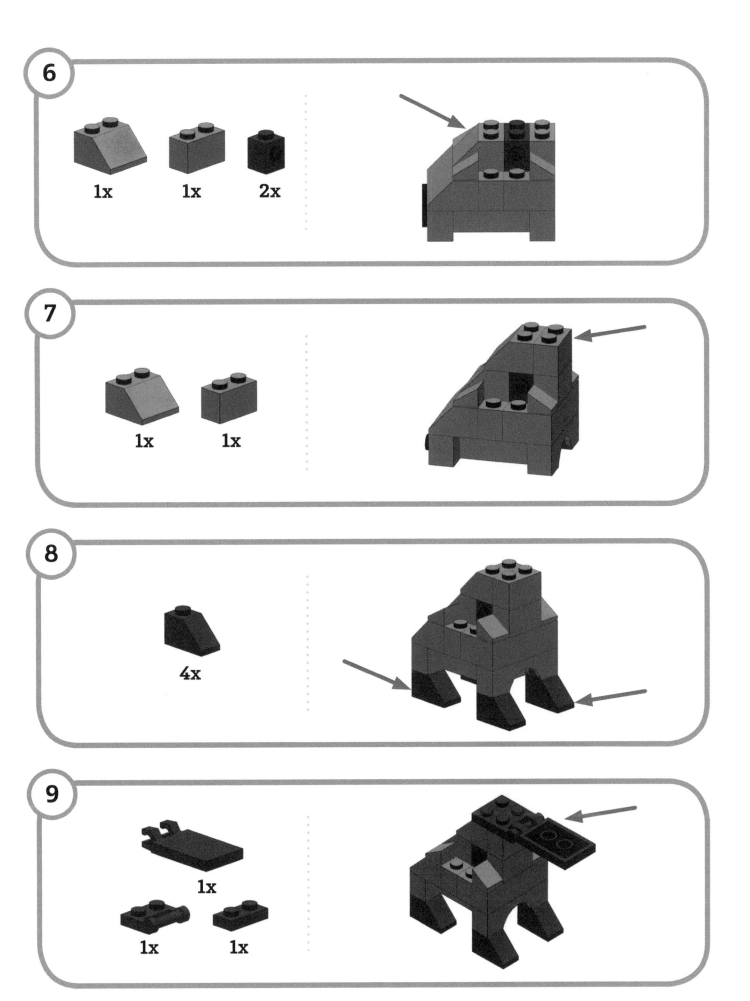

6

1x 1x 2x

7

1x 1x

8

4x

9

1x

1x 1x

10

1x   1x

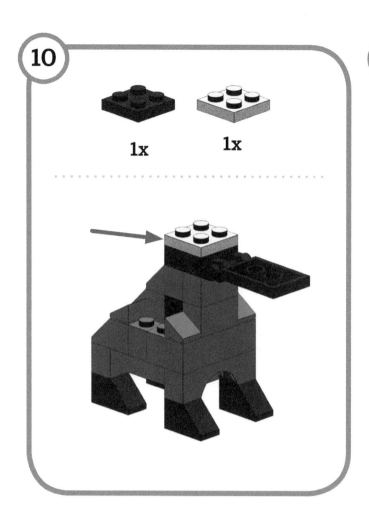

11

1x

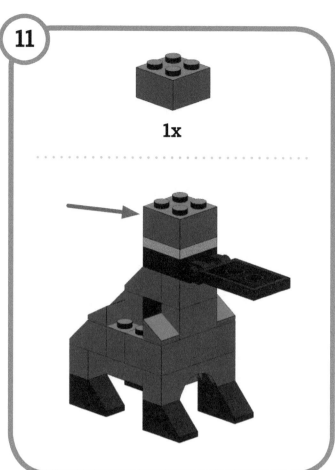

12

1x   2x   2x   2x

13

2x

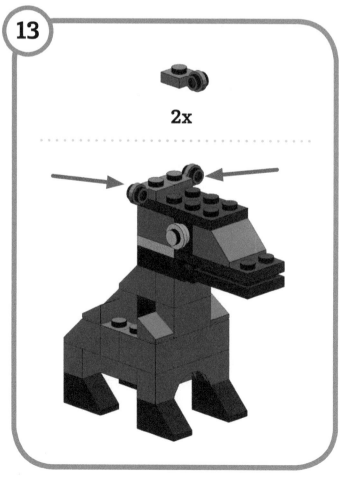

14

2x 2x

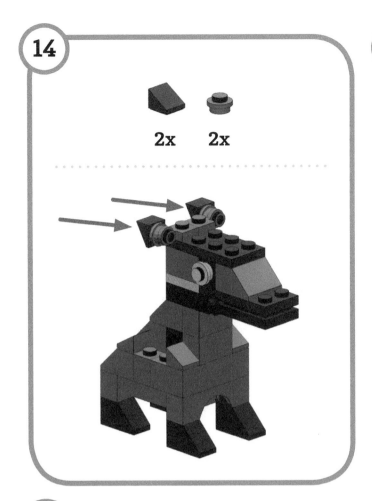

15

2x

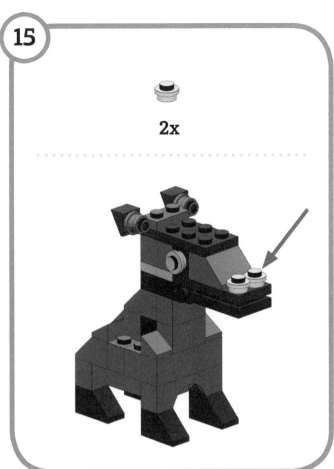

16

1x

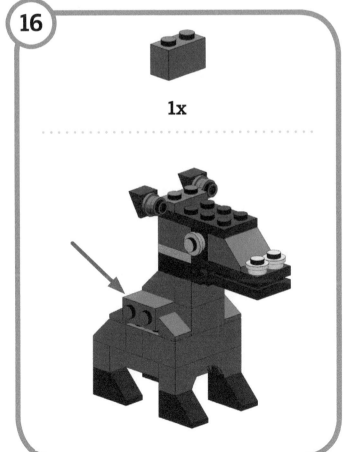

17

1x 1x

18

1x

19

1x   1x

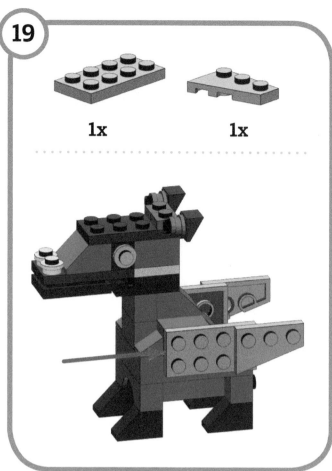

20

1x   1x

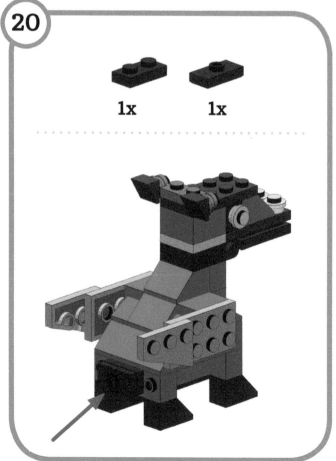

21

2x

22

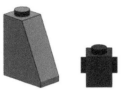

1x   1x

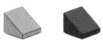

1x   1x

23

1x   1x

1x   1x

Build a Blue Dragon

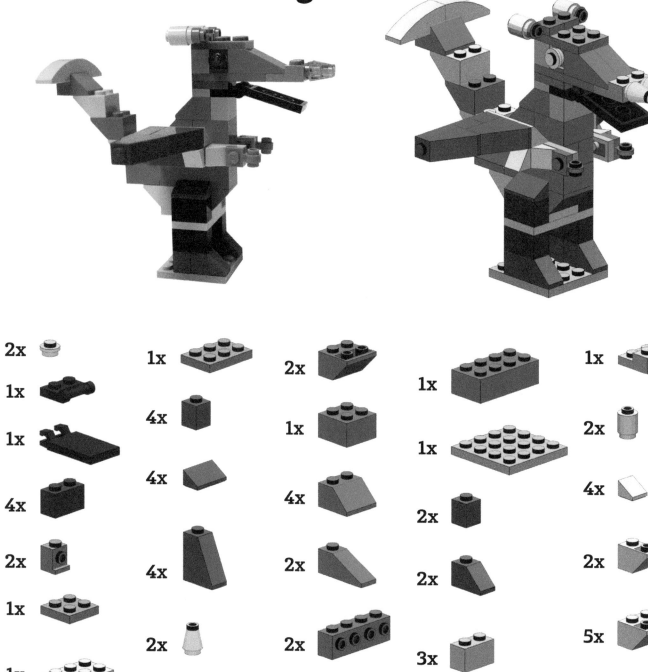

2x

1x

1x

4x

2x

1x

1x

1x

1x

4x

4x

4x

2x

4x

2x

1x

4x

2x

2x

2x

3x

3x

1x

1x

2x

2x

3x

1x

2x

4x

2x

5x

2x

1

1x   **2x**   **2x**

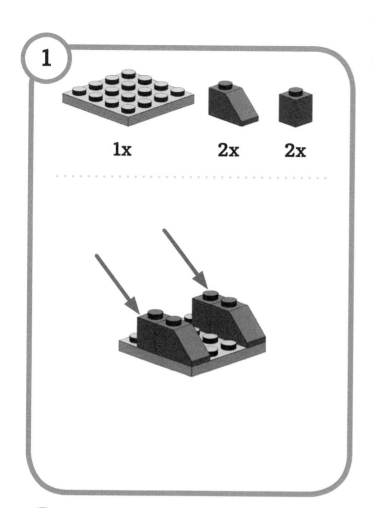

2

2x   **1x**   **1x**

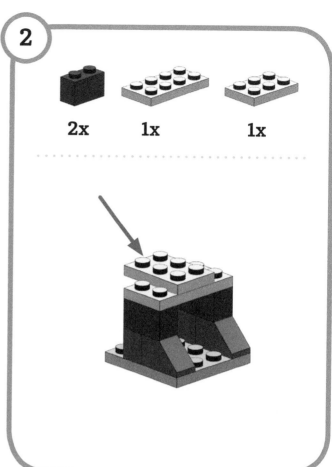

3

1x   **1x**   **1x**

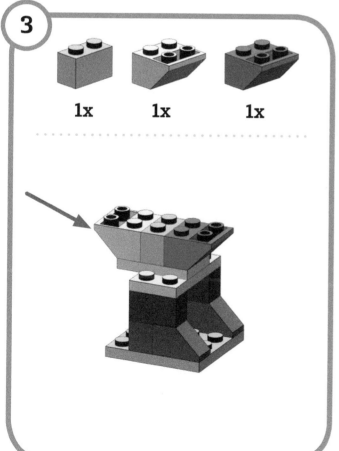

4

2x   **2x**

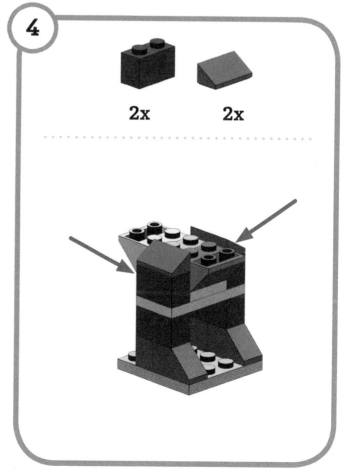

5

1x **2x**

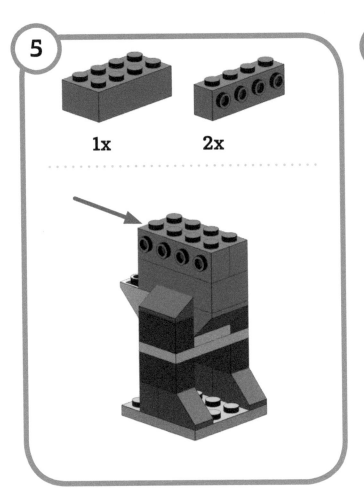

6

2x **1x** **1x**

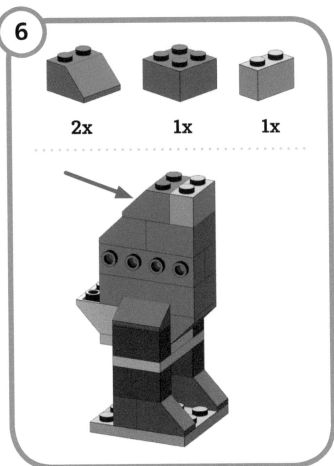

7

1x **1x** **1x**

8

1x **2x**

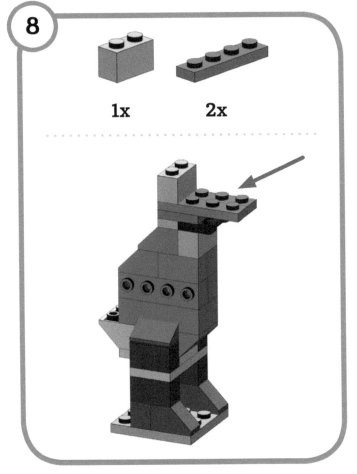

9

2x 2x 2x

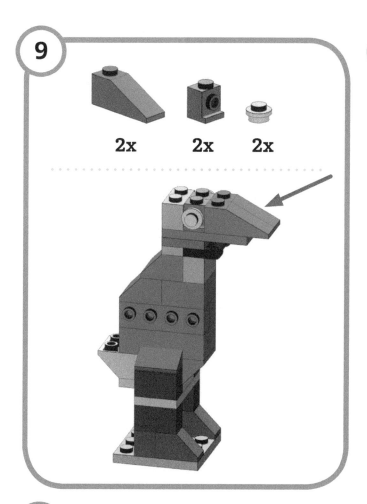

10

1x 2x

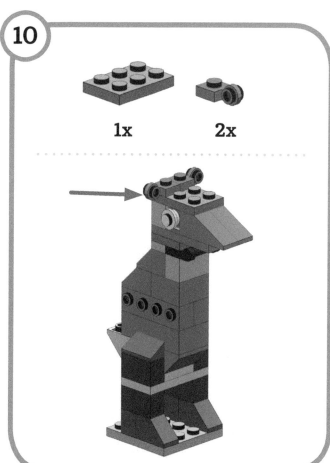

11

1x 1x 2x

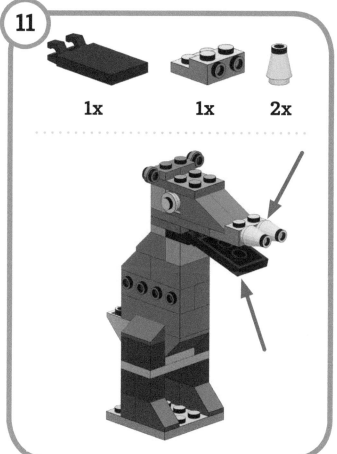

12

1x 1x

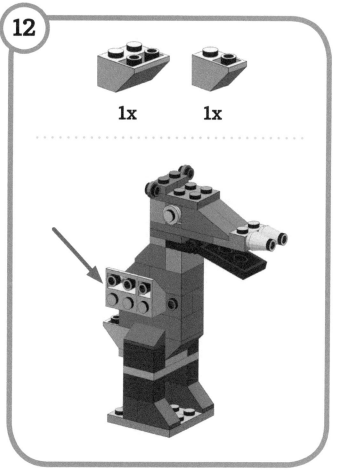

13

1x 1x

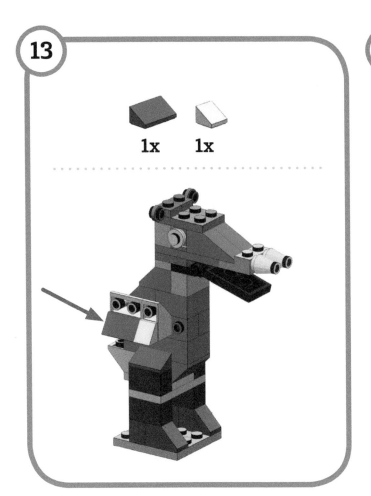

14

2x 2x

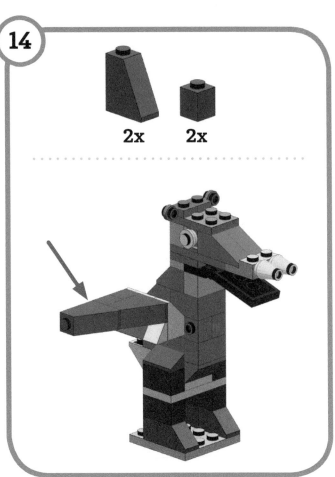

15

1x 1x

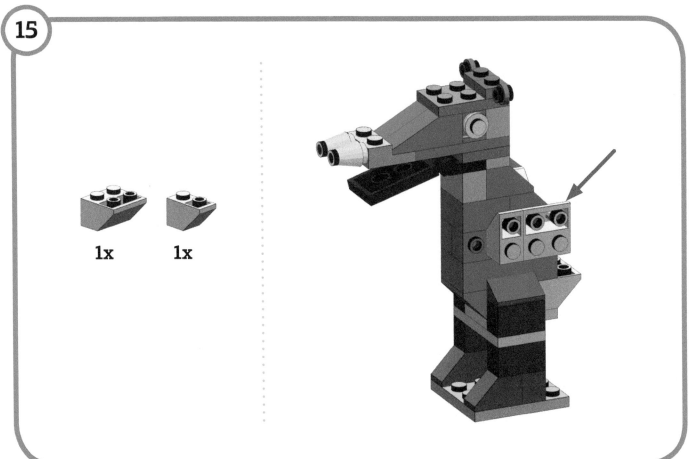

16

1x 1x

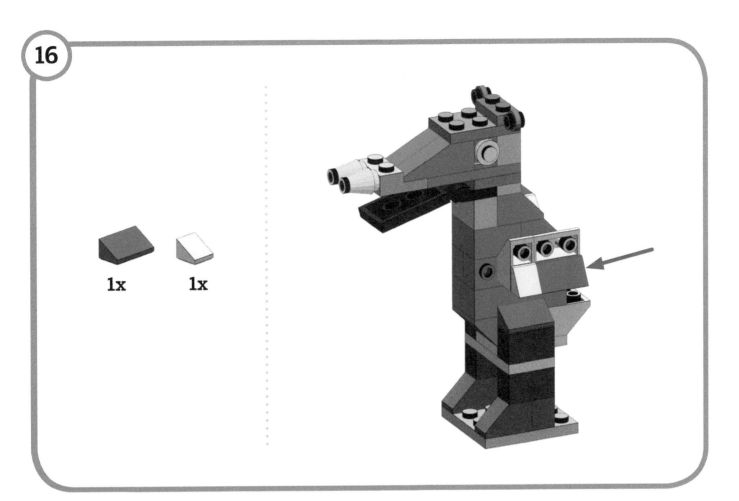

17

2x 2x

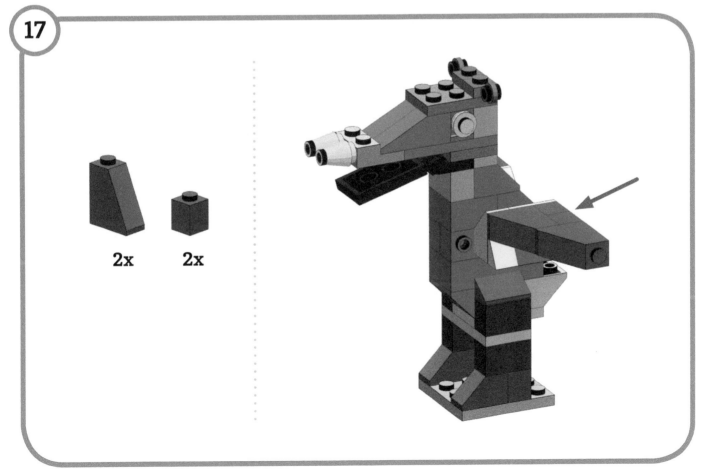

18

1x 1x

1x

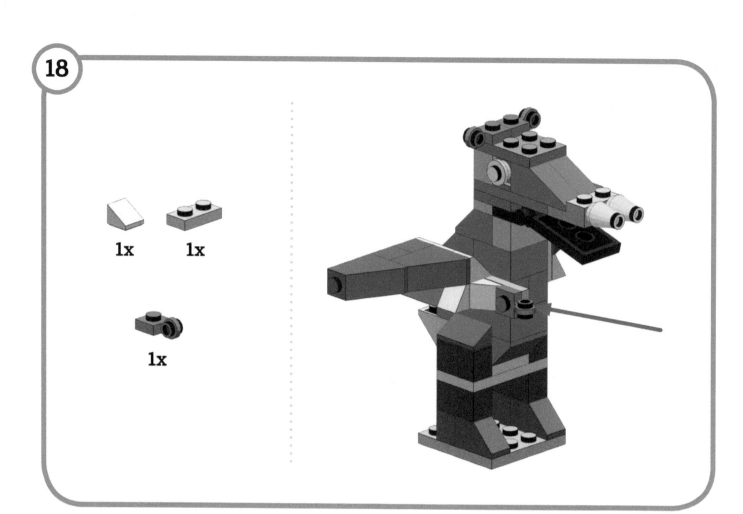

19

1x 1x

1x

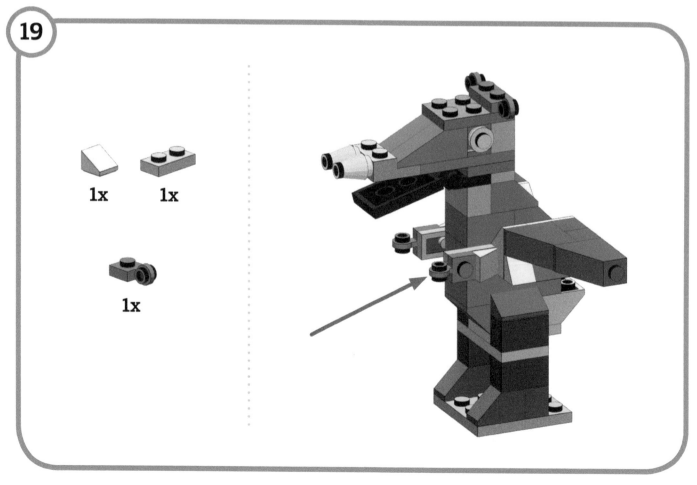

20

2x

1x

2x

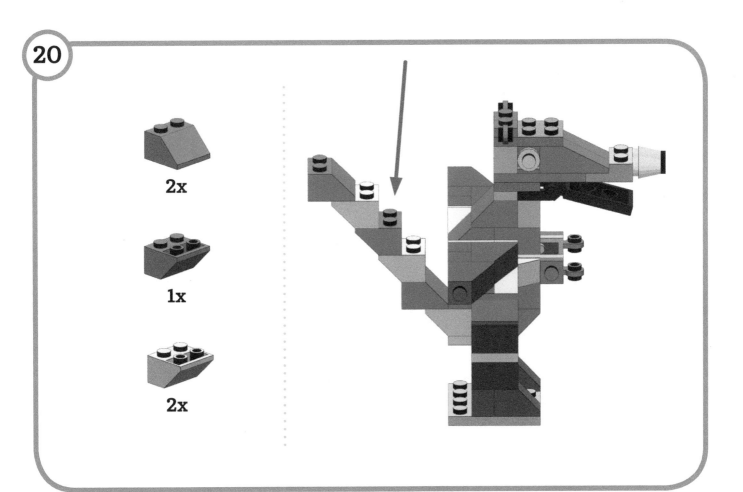

21

2x   2x

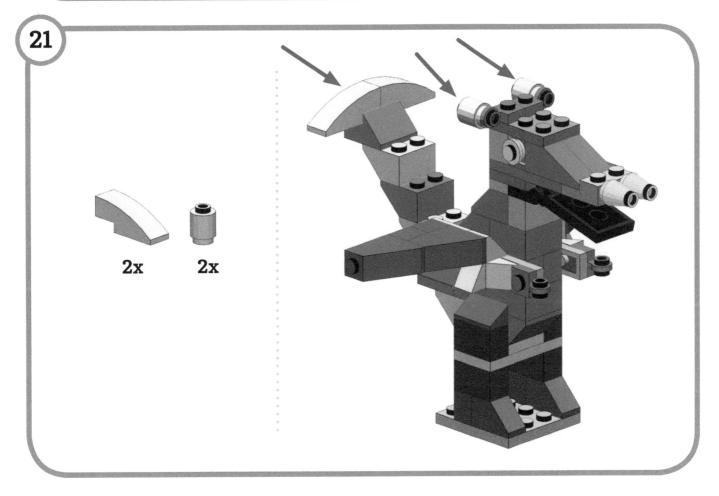

Castle Wall

The Castle Guard

Baby Brown Horse

Baby Black Horse

Build a Castle Wall

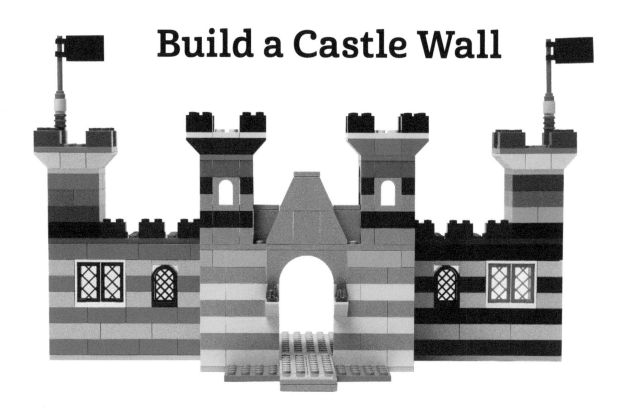

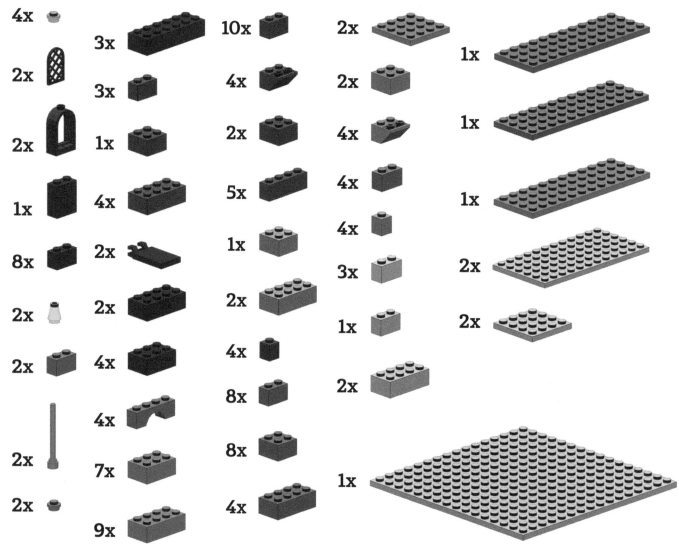

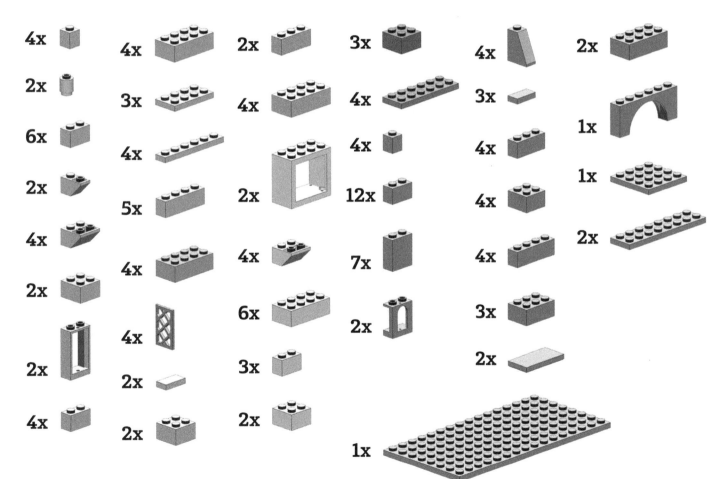

4x

2x

6x

2x

4x

2x

2x

4x

4x

3x

4x

5x

4x

4x

2x

2x

2x

4x

4x

2x

3x

2x

3x

4x

2x

4x

12x

7x

2x

3x

4x

4x

4x

4x

3x

2x

2x

1x

1x

2x

1x

1

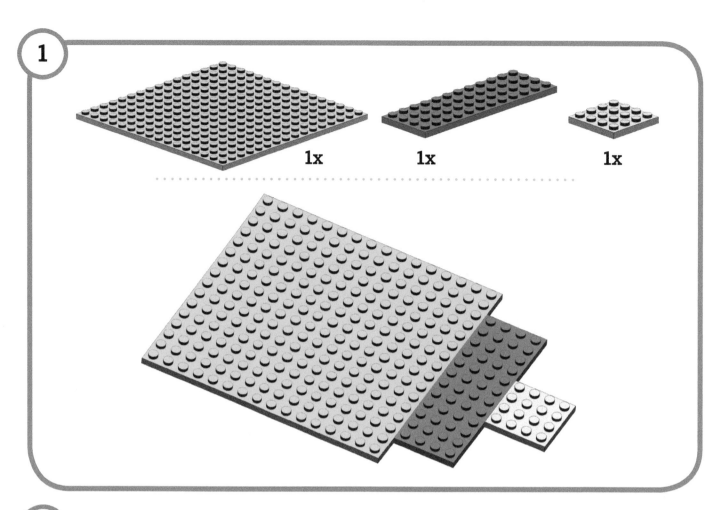

1x 1x 1x

2

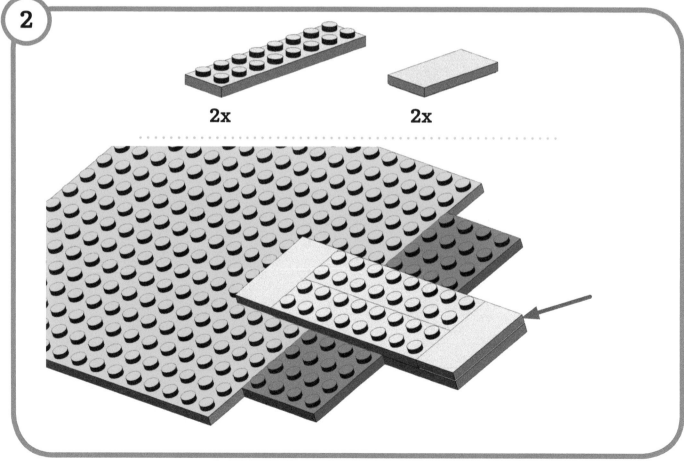

2x 2x

3

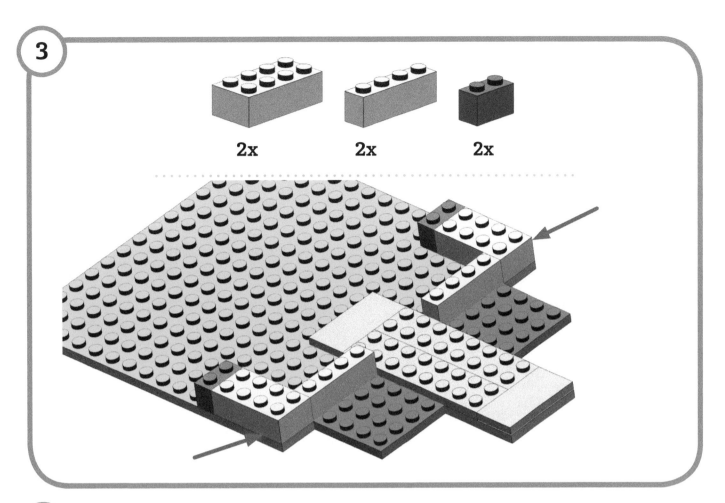

2x   2x   2x

4

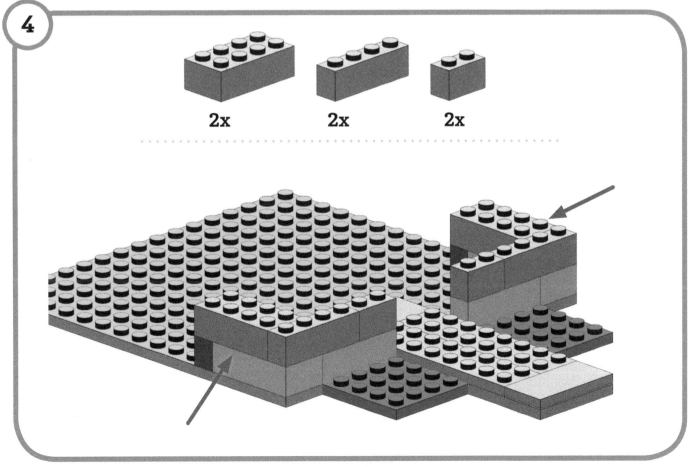

2x   2x   2x

5

2x 2x 2x

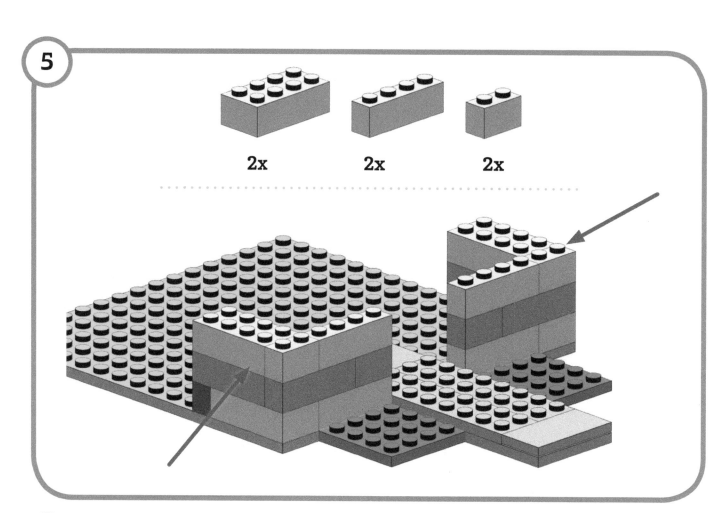

6

2x 4x 2x 2x

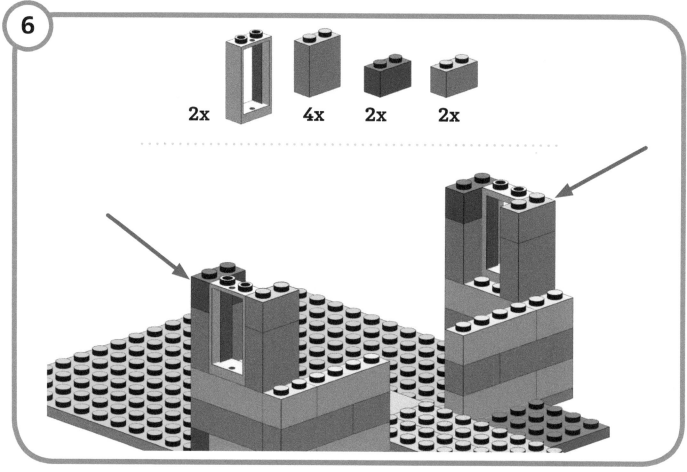

7

2x 2x 2x

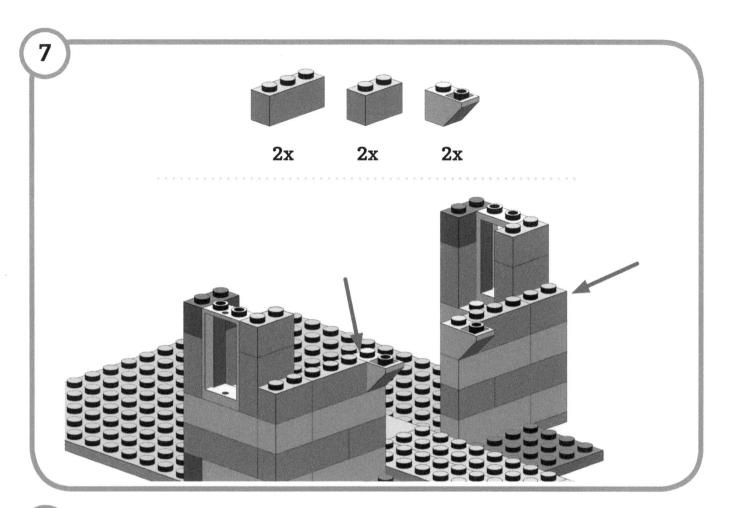

8

1x 4x 2x

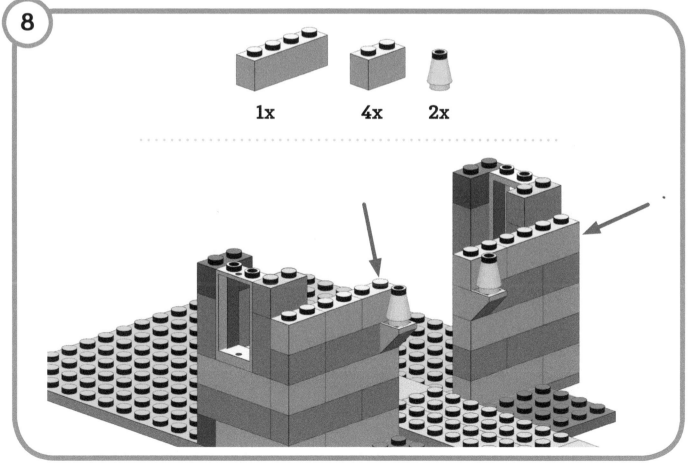

9

1x　　2x　　2x

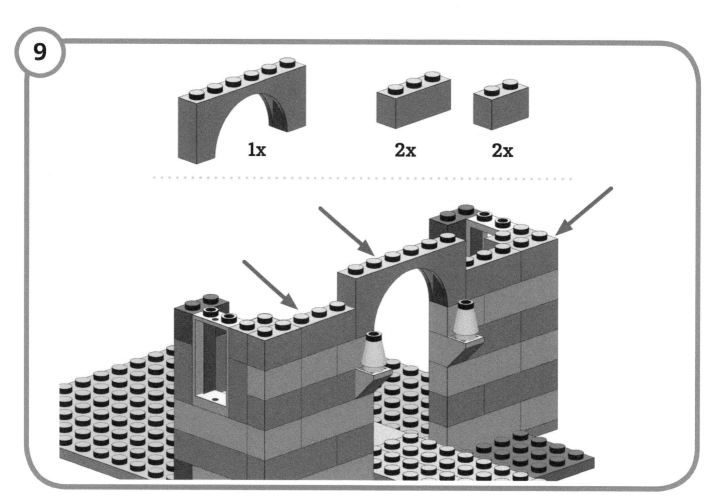

10

2x　　2x　　2x

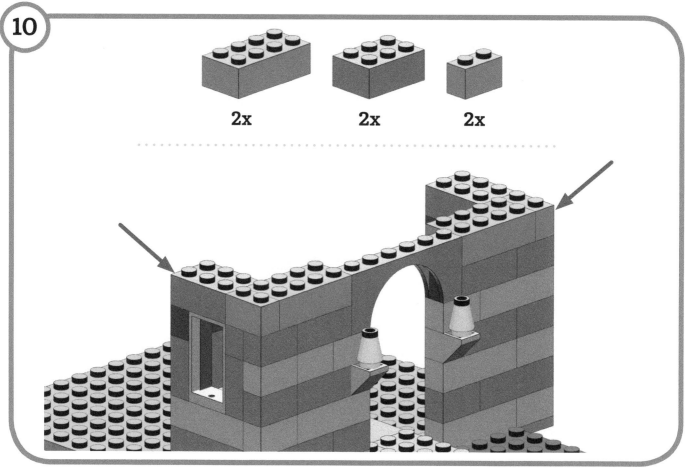

11

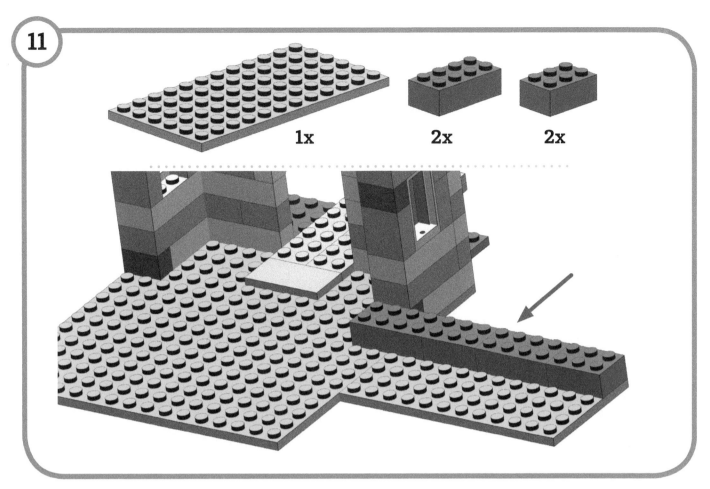

1x 2x 2x

12

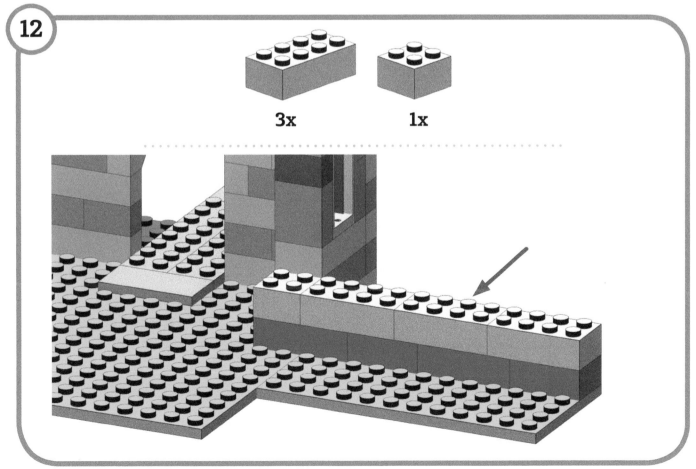

3x 1x

13

2x 2x

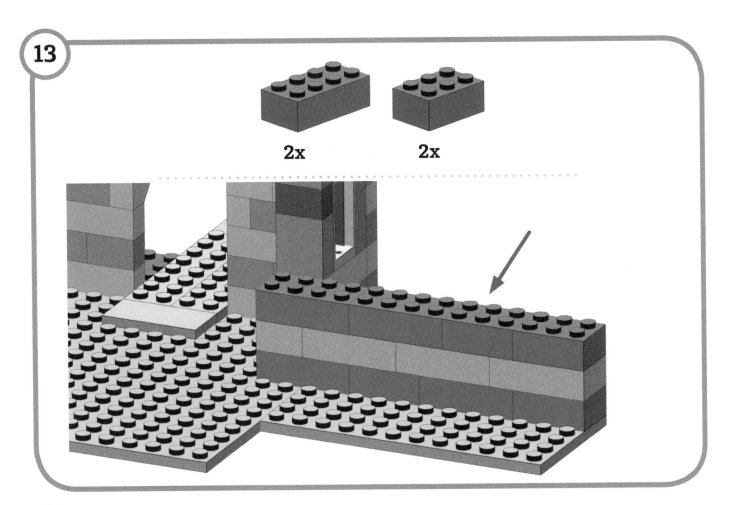

14

1x 1x 1x 1x 2x 2x 1x

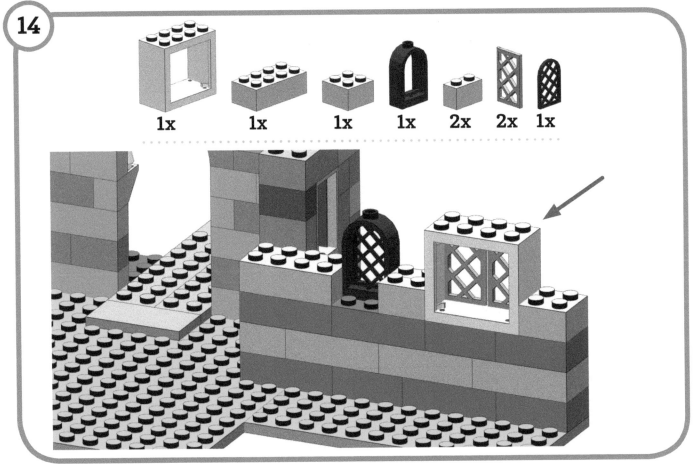

15

1x **1x** **2x**

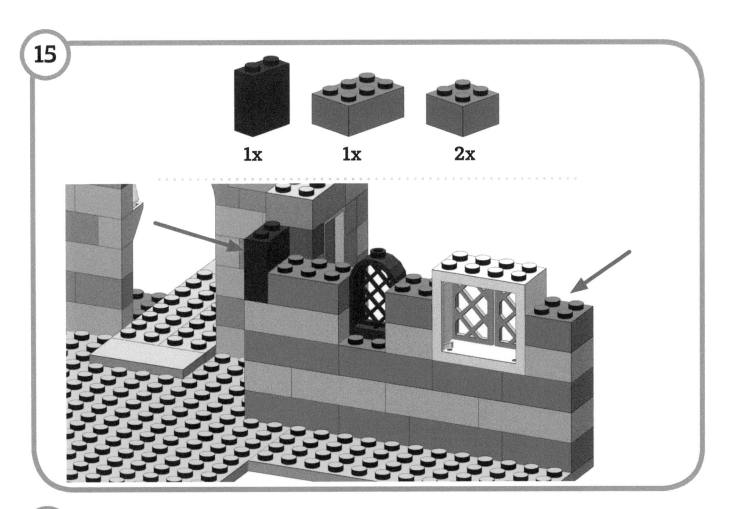

16

2x **1x** **2x** **1x**

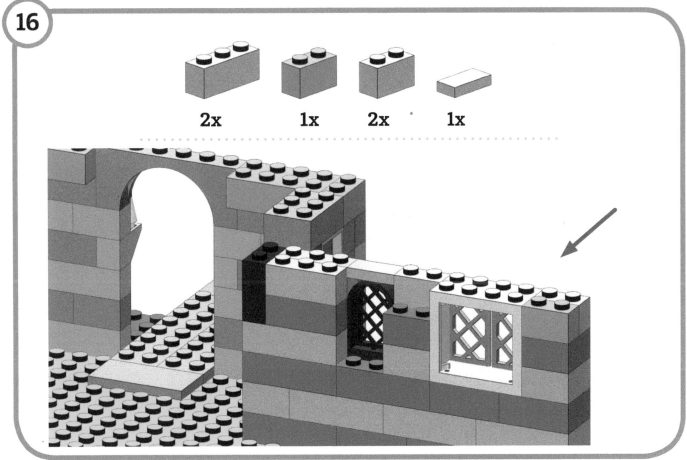

17

2x   2x

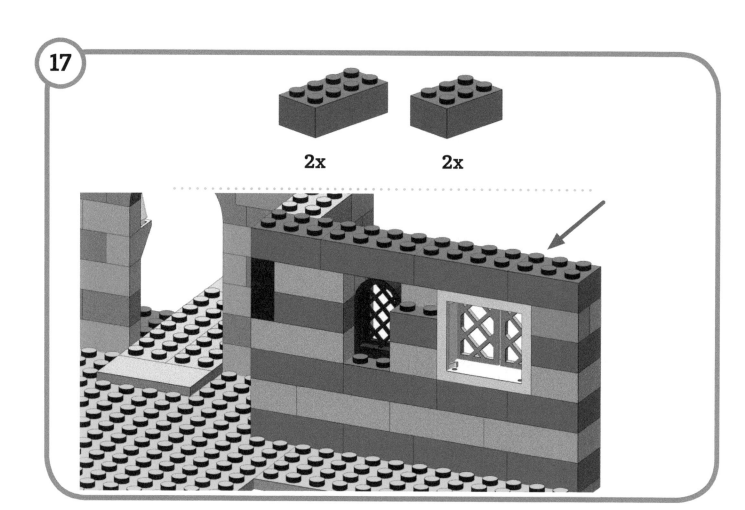

18

4x   3x

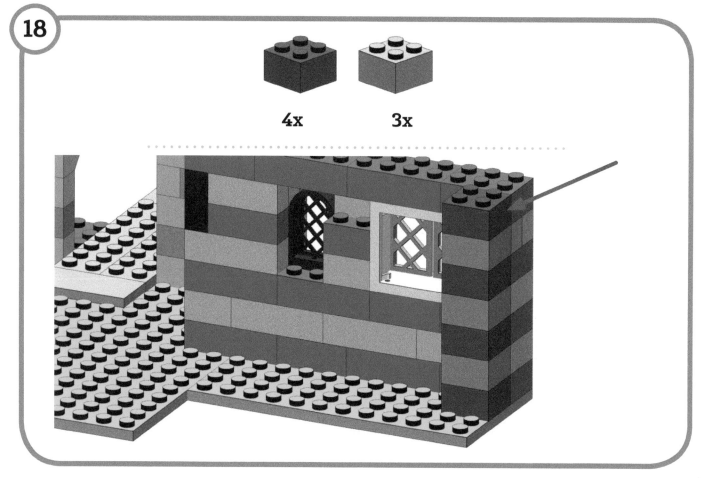

19

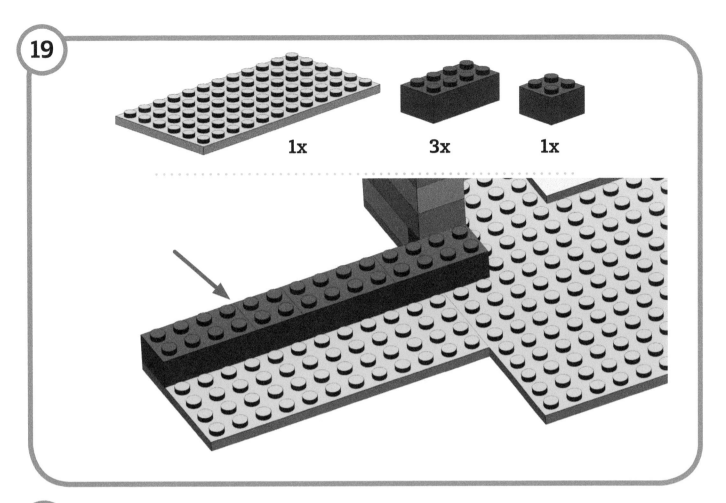

1x 3x 1x

20

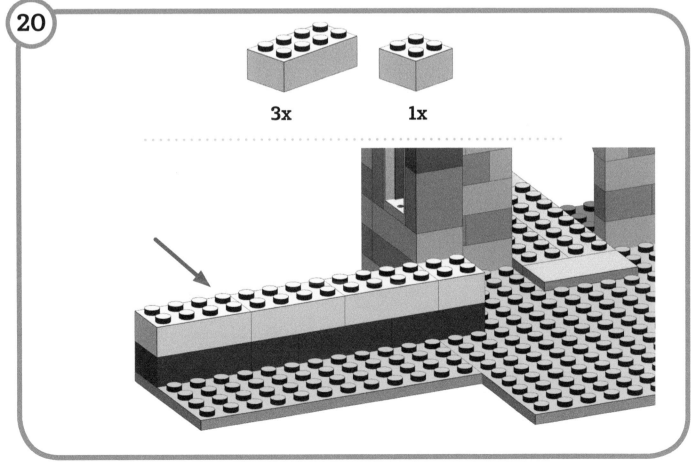

3x 1x

21

2x   1x

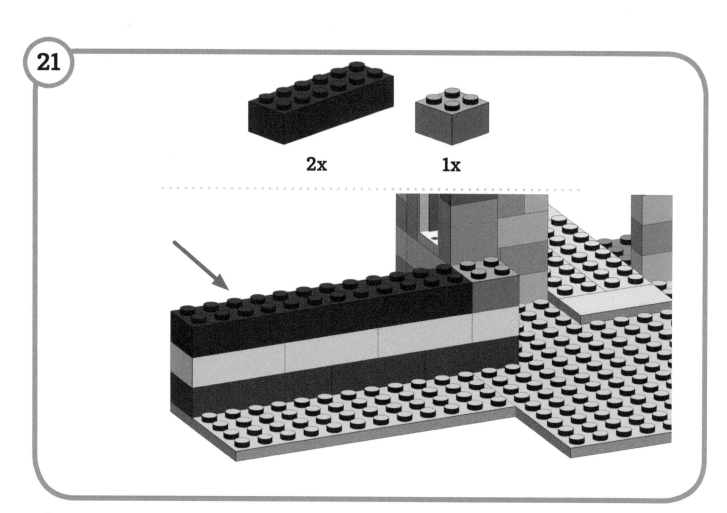

22

1x   1x   1x   1x   1x   3x   1x   2x   1x

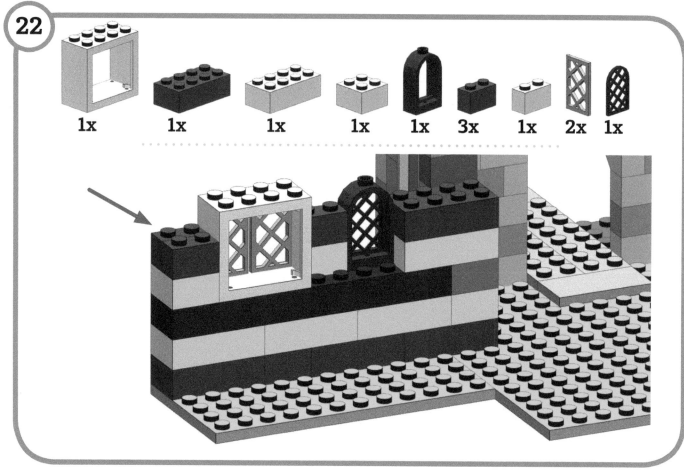

23

1x 1x 2x 1x

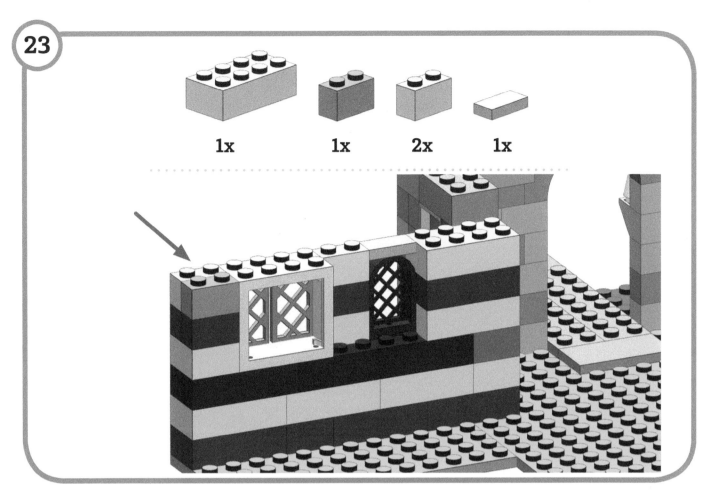

24

1x 2x 1x

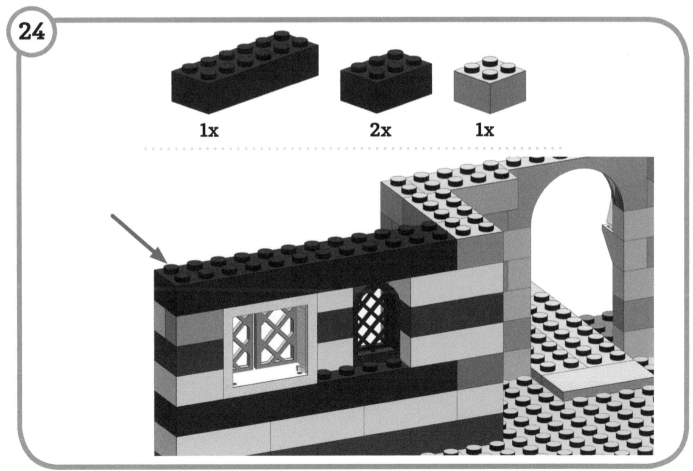

25

4x 3x

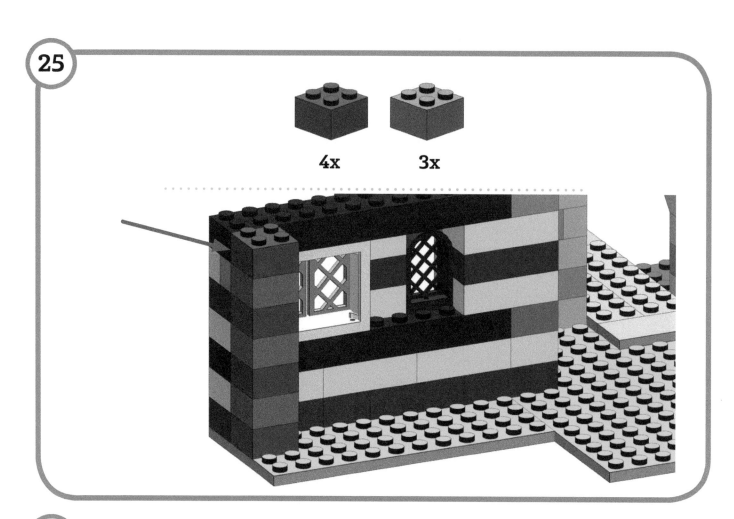

26

1x 1x 1x

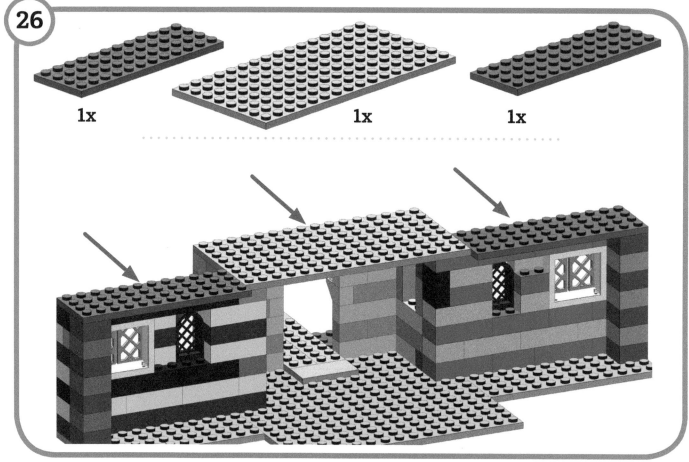

27

2x   1x   4x

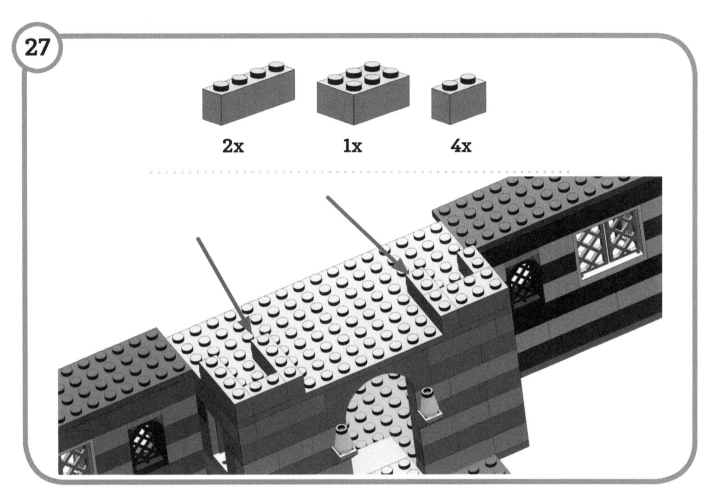

28

4x   2x

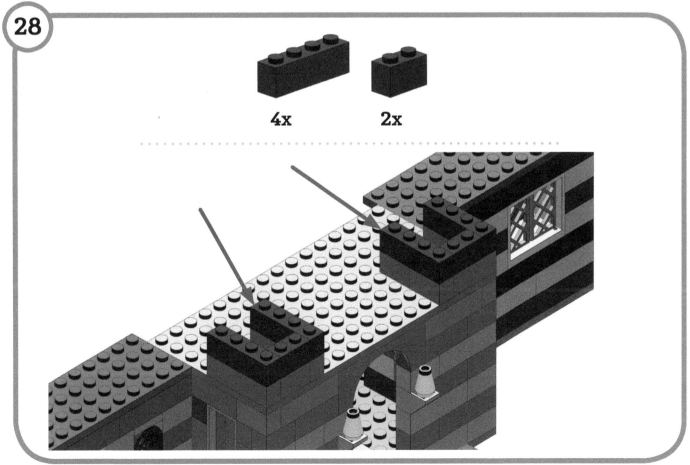

29

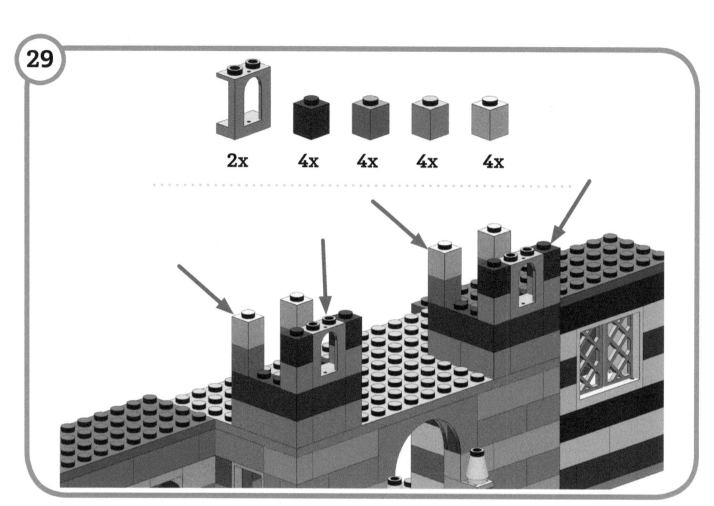

2x 4x 4x 4x 4x

30

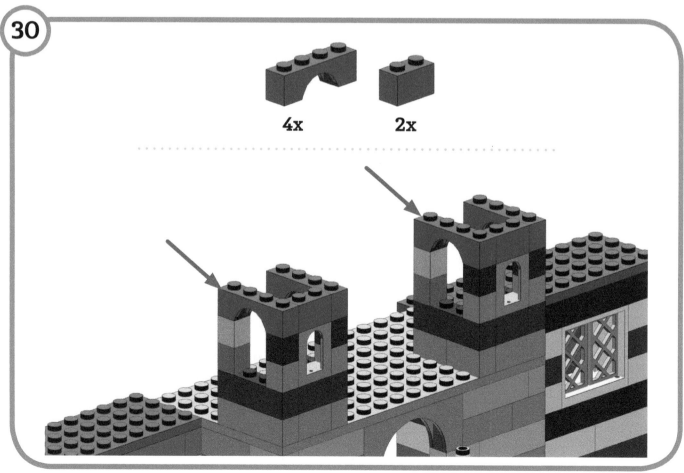

4x 2x

31

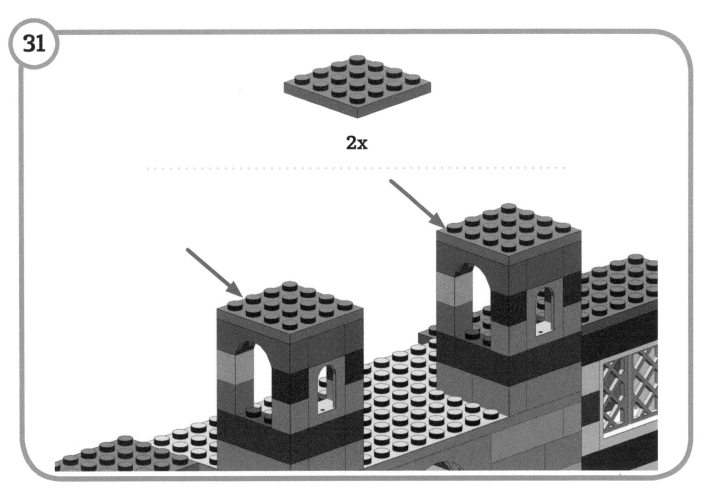

2x

32

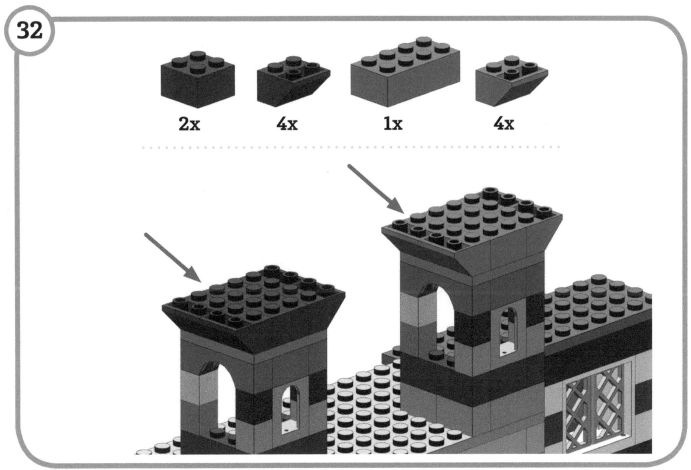

2x 4x 1x 4x

33

4x **3x** **8x**

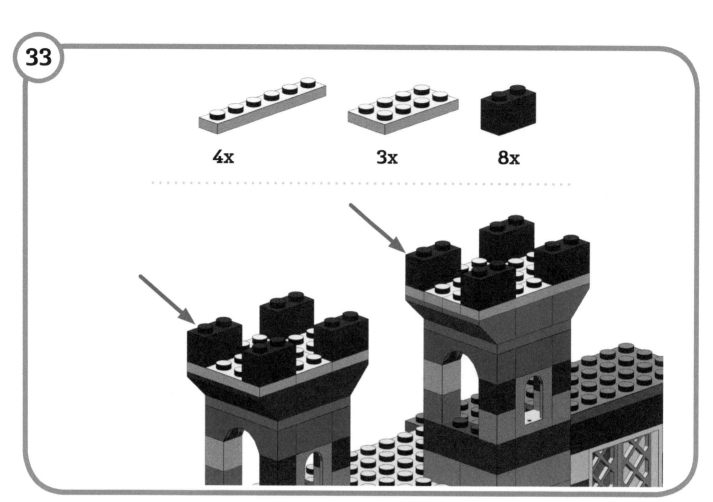

34

4x

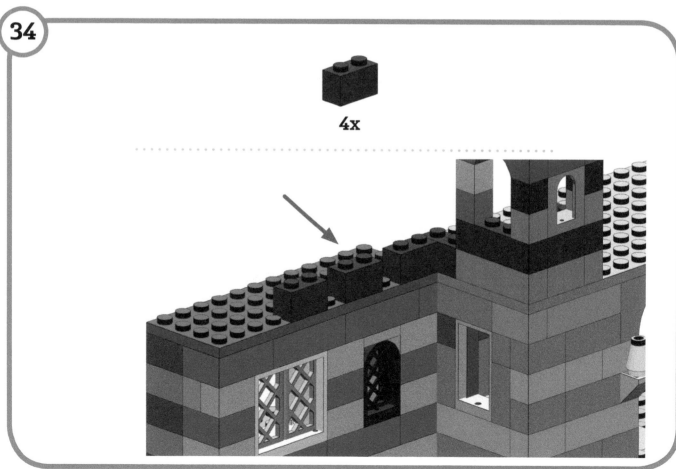

35

1x 2x

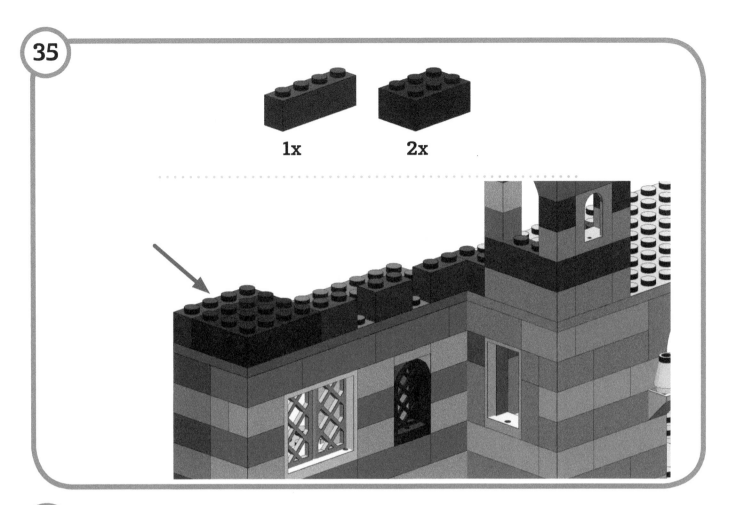

36

2x 2x 2x 1x

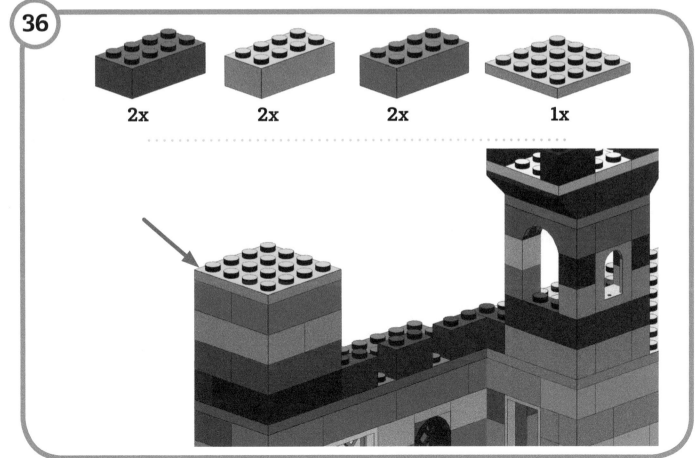

37

1x 1x 4x

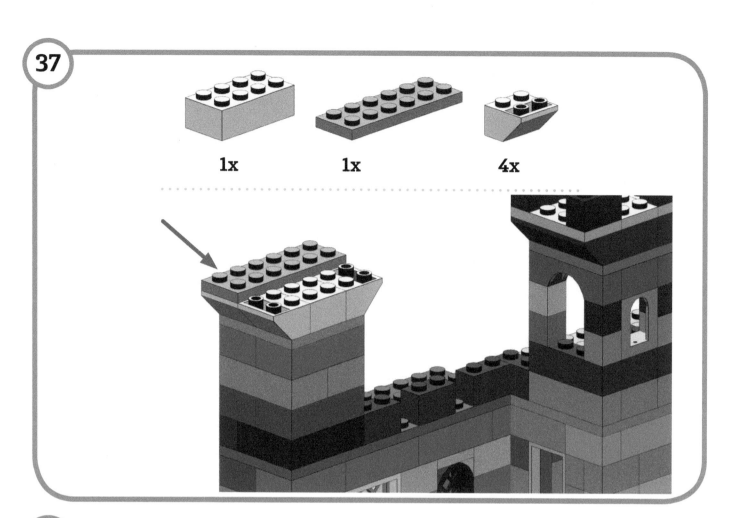

38

1x 4x 1x 1x 1x 1x 2x

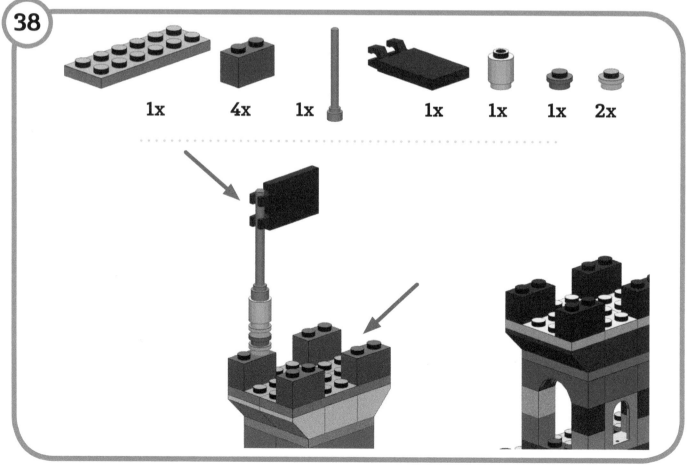

39

4x

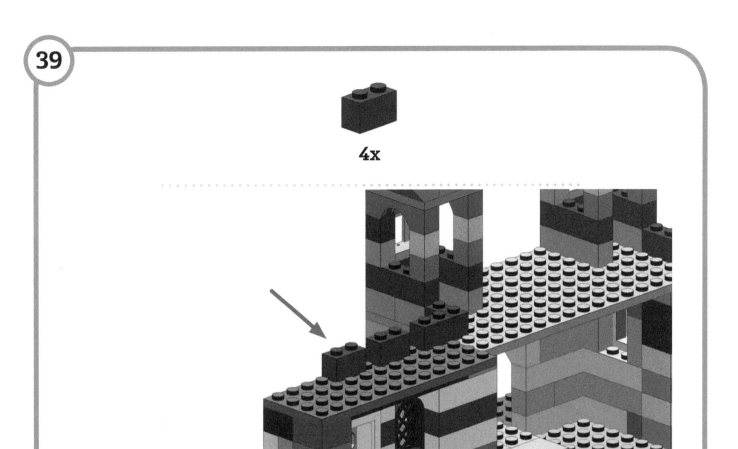

40

2x 2x 2x 2x

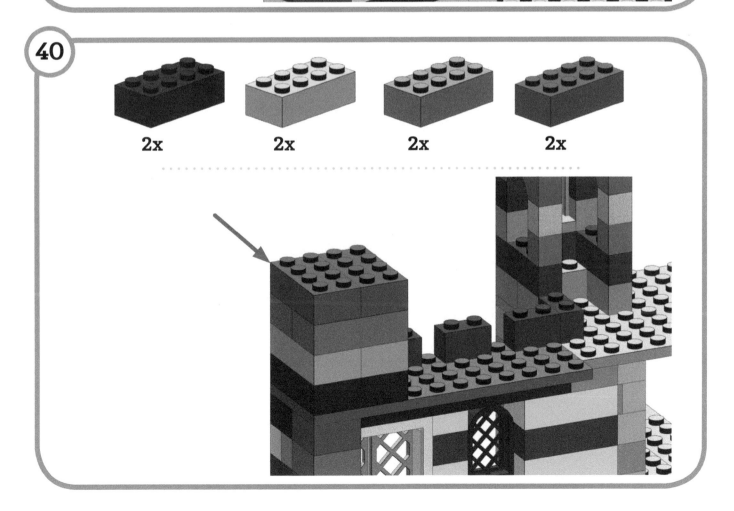

41

1x   2x   4x

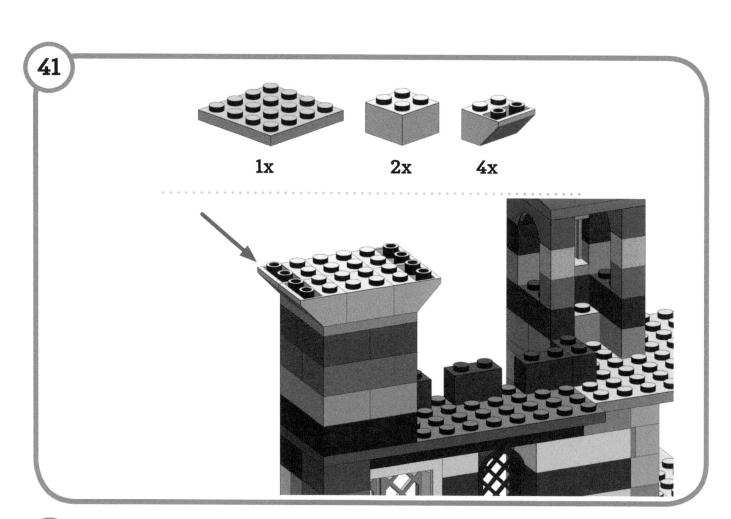

42

2x   4x

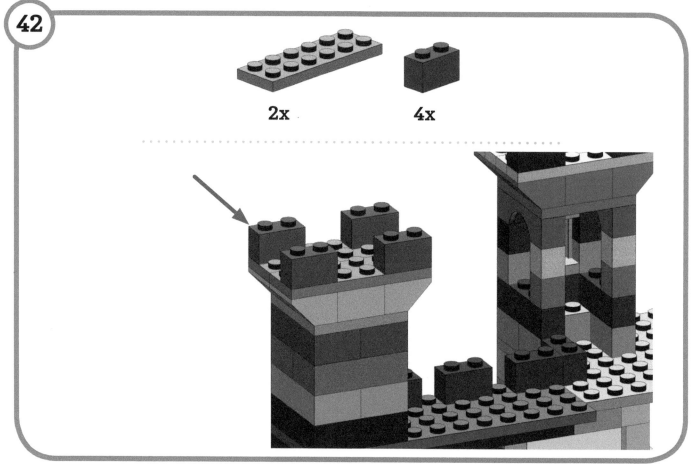

43

1x 1x 1x 2x 1x

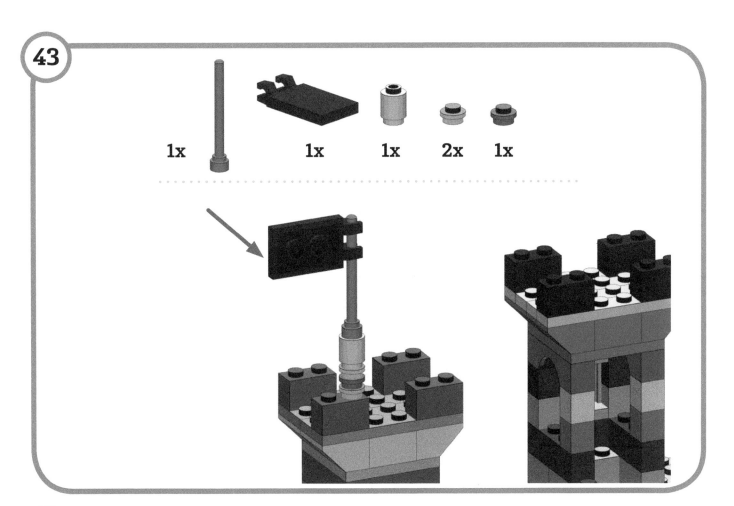

44

3x 2x

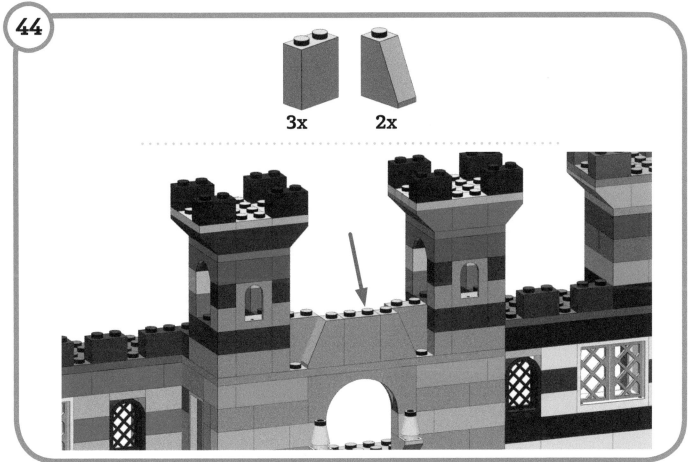

45

2x   **3x**

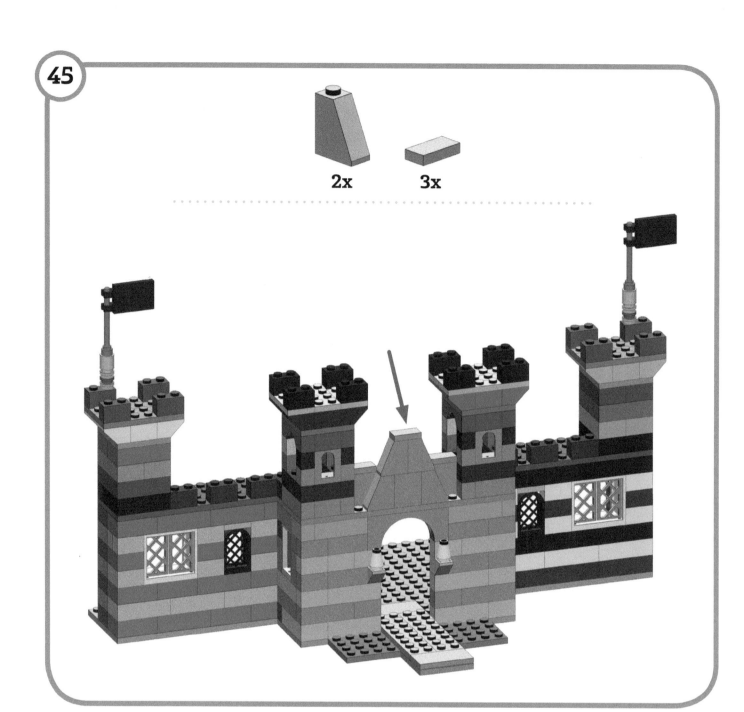

Build a Baby Black Horse

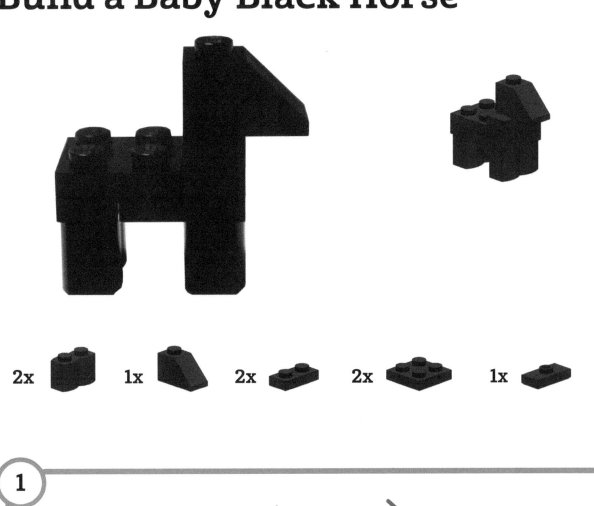

2x 1x 2x 2x 1x

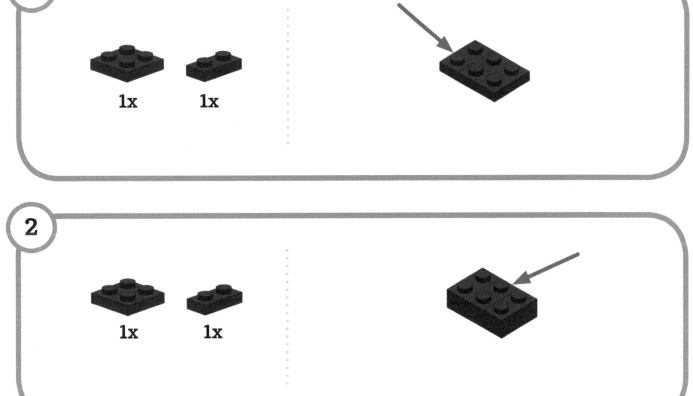

1

1x 1x

2

1x 1x

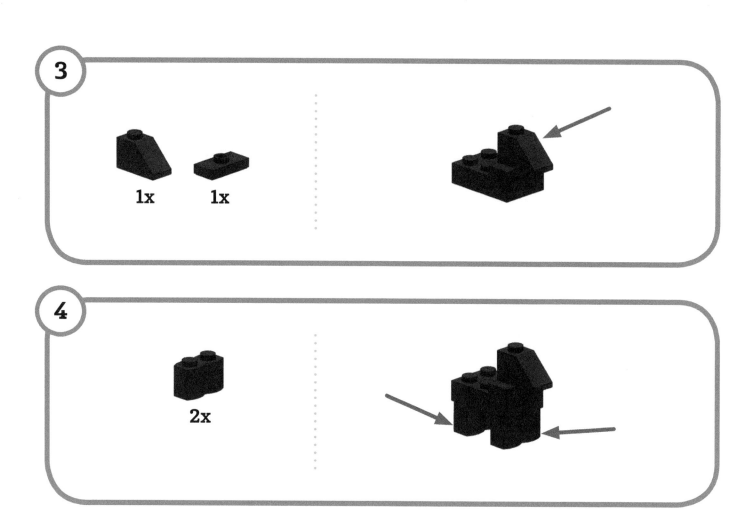

3

1x   1x

4

2x

Build a Baby Brown Horse

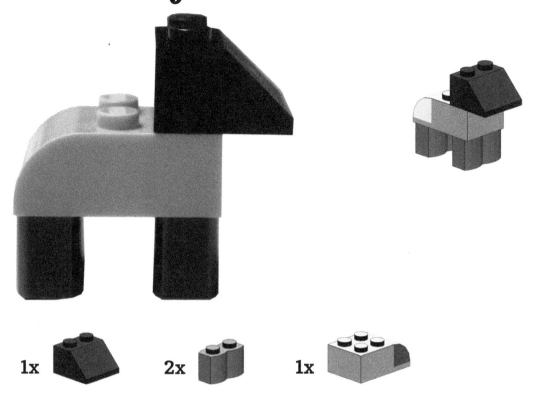

1x   2x   1x

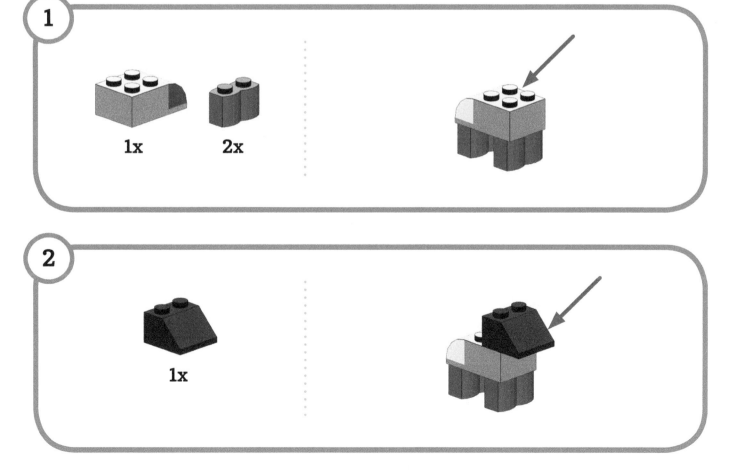

1

1x   2x

2

1x

Library of Congress Control Number: 2018945278
ISBN: 9781513261737 (paperback) | 9781513261744 (hardbound) | 9781513261751 (e-book)

Proudly distributed by Ingram Publisher Services.

Graphic Arts Books

GRAPHIC ARTS BOOKS®

GraphicArtsBooks.com

GRAPHIC ARTS BOOKS
Publishing Director: Jennifer Newens
Marketing Manager: Angela Zbornik
Editor: Olivia Ngai
Design & Production: Rachel Lopez Metzger

The following artists hold copyright to their images as indicated: The Castle Grounds on pages 1, 6-7, 82-83, front cover (bottom): GraphicsRF/Shutterstock.com; A Merry Joust on pages 34-35, front cover (middle), back cover: Rustic/Shutterstock.com; The Dragon Cave! on pages 60-61.

The author thanks the LDraw community for the parts database it makes available, which is used for making instructions found in the book. For more information on LDraw, please visit ldraw.org.

Make sure your Build It! library is complete

◯ Volume 1

◯ Volume 2

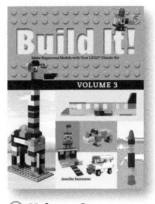
◯ Volume 3

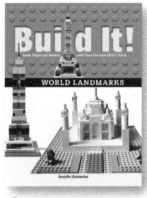
◯ World Landmarks

◯ Things that Fly

◯ Things that Go

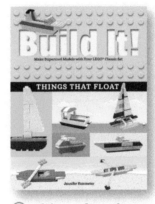
◯ Things that Float

◯ Robots

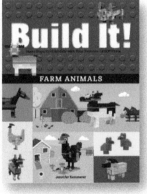
◯ Farm Animals

◯ Dinosaurs

◯ Trains

◯ Sea Life

◯ Medieval World

◯ Race Cars

Visit GraphicArtsBooks.com for more titles in the series